U0111592

大展好書　好書大展
品嘗好書　冠群可期

大展好書　好書大展

品嘗好書　冠群可期

武學釋典49

功夫上手

——傳統內功太極拳拳學筆記

陳耀庭　著

霍用靈　整理

大展出版社有限公司

混元拳入境
無求藝自高

心如白雲常自在
意似流水任東西

太極拳是
心靈的火花
形體的表現

作者近照   攝影　蕭新麗

作者簡介

陳耀庭，1937年1月生，浙江杭州人。北京化工大學材料科學與工程學院教授，蘇聯工程科學院院士，英國皇家化工學會SCI終身會員，中國化工學會永久會員。北京市人民政府第一至第五屆科學技術顧問，北京市第八屆政協委員；曾獲「北京市社會主義建設先進個人」「北京市第二屆民族團結進步先進個人」稱號。獲省部級以上科技成果獎9項；享受國務院政府特殊津貼；在國內外發表科學論文一百餘篇，專著譯著7本；中華人民共和國成立50周年時，被邀請參加天安門國慶觀禮。中國武術協會會員，北京汪永泉太極拳研究會名譽副會長。

1954年，在杭州跟著名太極拳師牛春明學習楊式81式太極拳；20世紀60年代初到北京，跟崔毅士老師學習楊式老架；1967年起，在北京地壇跟劉晚蒼老師學習吳式太極拳推手及譚腿、短拳、七星杆等十多年；1976年後，又跟高占魁、朱懷元兩位老師學習汪永泉傳楊家太極拳；還跟吳彬芝老師學習過楊式大架、小

架、太極刀、太極棍及八卦掌;跟蔣玉坤老師學習太極
對拳和大将;並得到郝少如、吳圖南、王培生等老一輩
名家的指教。

　　1991 年,在杭州組建了吳山國際太極拳協會。後
在俄羅斯、日本、澳洲、德國等地建立分會,進行太極
拳教學推廣,為太極拳走向世界做出了貢獻。在《武
魂》雜誌上發表了多篇文章,得到廣泛好評。

前　言

陳耀庭

　　我是一位太極拳業餘愛好者，學練太極拳已經六十多年了，這本書是我學練太極拳六十多年的心得體會，是我的學拳筆記。

　　現在練太極拳的人很多，但跟我以前練的有許多不同，無論是理念、內涵、要求、練法都有相當大的差別，我對太極拳的理解和體會在本書中都有詳細論述。

　　比如說，王宗岳《太極拳論》中的「由著熟而漸悟懂勁」，現在大多數的解釋是「著」就是「招」。我查閱了《康熙字典》《說文解字》及商務印書館出版的老辭典等書，並沒有查到「著」字有「招」的解釋。

　　根據我自己六十多年學練的體悟和先師的教導，我認為把「著」解釋為「招」是不對的，是誤導，是違反太極拳「捨己從人」根本要求的！我認為「著」就是你碰著我的「著」，沒有「招」的意思，在太極拳中是指「搭手」「接手」，「著熟」是指搭手接觸一剎那的變化熟練程度！

又如現在大多練太極拳者都以腰帶手，我們那時練，許多老先生要求以手帶身，楊禹廷老先生跟我說要像毛驢拉磨那樣；吳圖南先生也一再告誡自己的學生，打拳一定要手帶腰，外帶內，才能「以手帶身兩翅搖」。

現在練拳、推手，都講究身體下沉，兩腳下扎，而我的老師朱懷元要我「腳踩荷葉」；我去上海郝少如老師家，他親自跟我講，練拳走架要像氣球飄在空中；20世紀50年代，牛春明老師教我野馬分鬃時，三個野馬分鬃在轉換時重心不可後退，所有轉換轉腳都要求實腳轉換，要求地上研出一個個深圈；牛春明老師不讓練用法、招法，強調無法為法，誰講用法、招法會挨罵的！

我六十多年前練的太極拳，與當今流行的太極拳，在練法要求上有許多不同，而且比較難練，過去說：「太極十年不出門。」那是專業練，我是業餘練，我覺得十年是不夠的，我自己是練了二三十年後，才漸漸入門的！現在年輕人都聰明，有錄影等現代教學手段，也許能快些，但是，古人說：「真傳易得，功難練！」

別人問我：你練的是什麼式的太極拳？多少式的？其實我年輕時楊式、吳式、陳式、武式、孫式都學過，所以我說我練的是「傳統內功太極拳」，傳統的意思是，這是我的諸多老師教我的，不是我自己編創的，我的太極拳源自「傳統」。另外，郝少如老師講「太極拳

在內不在外」，這也是我幾十年練太極拳最深的體會，所以我強調太極拳的「內功」特點，打太極拳如果沒有「內」，就成了「太極操」「太極舞」了。

「太極拳」與「太極操」的區別

　　現在我練的是楊式老架，過去我向其他拳式老師求教，先輩們總是講：「都一樣，都一樣，天下太極是一家！」

　　我是學理工的，專業是材料科學，不是學武術的，更不是武術家，太極拳只是我的業餘愛好！當然，在我一生中，學研太極拳所花的時間和精力是最多的！因為它對我的健康、智力開發、工作成就、人生品格等各方面的影響都很大。記得20世紀70年代日本太極拳代表團訪華時，北京市體委派人來我們學校邀請我參加接待，學校領導說：「你們搞錯人了吧！我們學校有個陳耀庭，但他不會武術！肯定是同名同姓，搞錯了！」後來，我校一位武術教師見我還笑著問：「你小子還會武術？」我說我不會，他再三要求和我交流，我就介紹他到我老師那裏去學太極拳了！

　　退休後我搬到天通苑居住，開始幾年沒人知道我練太極拳，後來知道的人漸漸多了，跟我來學拳的人也多了。教拳之餘，空閑的時候，或在安靜的夜晚，我會隨手記下一些拳學心得和體悟，光陰流逝，回頭一看，居

然積累了數十年！

　　跟我學拳多年的霍用靈是中華炎黃文化研究會太極文化專業委員會秘書長，見了我這些筆記，覺得還有參考價值，就把我這些零亂的筆記拿去整理、錄入、打印了出來。原先我只是想給跟我學拳的學生、拳友們參考一下而已，但北京科學技術出版社的編輯們熱情鼓勵我正式出版，供更多太極拳愛好者參考。

　　這裏我還是要說一下，我無意評論別人拳架的對錯好壞，這本書裏的內容也不代表我的老師和先輩的觀點，因為我學得也不好，不全面，不過我說的都是真話、實話，希望後人能更多地瞭解傳統的太極拳、傳統的太極文化是什麼樣的。文中所述並不嚴謹全面，一時感悟，隨手寫來，僅供參考而已！重複一句，我無意參與對錯的辯論，如果這本拳學筆記，對太極拳愛好者有所裨益，對傳承寶貴的太極文化有積極的作用，對我來說就是最大的欣慰！

　　最後，對幫助製圖的陳昱、張發政，提供攝影圖片的蕭新麗等人所付出的辛勞，一併表示感謝。

目 錄

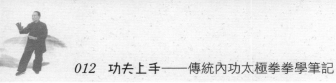

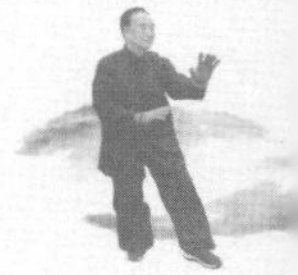

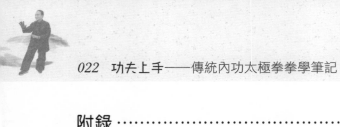

壹　概　論　篇

什麼是太極和太極拳

　　太極拳是以陰陽理論為基礎的拳術，如果要知道什麼是太極拳，先要理解什麼是太極。

　　古籍《太極拳經》（現在叫《太極拳論》）中講：「太極者，無極而生，動靜之機，陰陽之母也。動之則分，靜之則合。無過不及，隨屈就伸。」《黃帝內經》中講：「陰陽者，天地之道也，萬物之綱紀，變化之父母，生殺之本始。」

　　理解了什麼是太極，還要知道什麼是拳。王薌齋講過，「一招一式不為拳，拳拳服膺方為拳」。用現代話來說，**拳是心靈的感悟、形體的表現，是心靈的火花，是一種靈動。**

　　太極拳是以太極陰陽理論為指導的一種肢體運動，不在於是24式、48式、81式還是108式，而在於你對太極陰陽感悟的深度。太極拳便是由此而引發的一種肢體運動。

　　《五字訣》中第一個「訣」謂：一曰心靜。心不靜是學不了太極拳的，心不靜，哪兒來的感悟？吳圖南

說，**學太極拳必須先學靜，靜了才有所悟；有所悟，才能學而有成**。這是真心語、大實話。但許多人只想學幾招，反說「老頭子不教」。我老師常說：你們說找好師父難，我覺得找好學生更難。

那麼，如何練太極拳呢？我說：「一學鬆，二練通，三會斂氣，四能悟空。」其中，「學、練、會、悟」四個字，講了學什麼——學鬆；怎麼練——練通；如何用——斂氣；最後的歸宿——歸到悟空的終極境界。

鬆：是基礎，不用力，用意把關節全鬆開，四肢不主動去控制，隨人所動，勿自伸縮。

通：體悟節節貫串，行氣如九曲珠，無微不到。

斂氣：《太極拳論》中講「氣以直養而無害，勁以曲蓄而有餘」，斂氣有一種幫著別人打我自己的意思，自己提著自己的感覺。

空：「接手四梢空」，能分勁，「接手分清敵和我，彼此之勁不混合」（如：能分勁則能掌握搬攔捶在推手中的應用）。

（2011 年）

太極拳與外家拳的鑒別

太極拳與外家拳主要從以下幾點進行鑒別：

1. 用意不用力。

2. 能不能借力，關鍵在腰帶手還是手帶腰。

3. 一舉動周身俱要輕靈。要看是腳如磨盤、如樹根扎地，還是如腳踩荷葉。太極拳要求如腳踩荷葉，漂在水面，掛在空中，「猶如氣球，飄在天空」。

傳統內功太極拳有四點要強調，也是其與眾不同的地方。

1. 虛實要分清

大虛大實，到終點有落點。現在大多數是三七開，沒到位，沒有落點。到位後一腳實，另一腳是虛的。

2. 要節節貫串

體內運行過程有上下，如過山車，不是不移動的平行四邊形晃動。

3. 轉換時重心不後退

是實腳轉45°，無論摟膝拗步還是野馬分鬃，都不

允許後退。

4. 以手帶身

像毛驢拉磨那樣打拳，用意領，手帶著動。

遺憾的是現在多數人不這樣練。

（2016年）

什麼是傳統內功太極拳

傳統內功太極拳

現在花架子太極拳席捲全國，甚至席捲全球，傳統內功太極拳卻舉步維艱，瀕臨失傳。為什麼？因為花架子易學，好看，但它失去了傳統太極拳的精華和神韻。

傳統內功太極拳不易學，不是什麼人都能學會，它是「大道」。老子《道德經》中就說：上士聞道，勤而行之；中士聞道，若存若亡；下士聞道，大笑之！不笑不足以為道。

什麼是傳統內功太極拳？**太極拳以太極陰陽理論為基礎。**

怎麼辨別真偽？四兩撥千斤，用意不用力，「太極全憑能借力」。

怎麼練？「**以心行氣，以氣運身。**」

好看的花，特別香的花（如夜來香、百合花）往往有毒，須當心！冒牌太極拳可能把身體練壞，你看那些練「太極拳」把膝蓋練壞的，比比皆是，令人痛心。

（2015年）

練太極拳練什麼，怎麼練

　　練太極拳練什麼，怎麼練？這是首先要解決的認識問題，十分重要，想錯了，練歪了，一輩子都練不好。不少人不好好思考，已經有了想法，別人說的，老師說的，都聽不進去，結果一輩子練不好。

　　一般人來練拳，特別是年輕人，都想練幾招用於防身、打人，好像打拳就是打人、打架用的，不然還練拳幹嘛？另一類是養生治病，就來畫架子，像做體操、練跳舞。但這兩類人都錯了。

　　練太極拳，練的是「**空鬆圓活**」，老師們講「太極拳乃空鬆圓活之道」，太極拳是「道」，「道可道，非常道」，練的是「空鬆圓活」，不是用力打人，也不是招法手法，擒拿摔跤，要用意不用力。太極拳「在內」，什麼叫在內呢？是內功、內家拳，內是指意氣，「意氣君來骨肉臣」，過去說是「外練筋骨皮，內練一口氣」，**太極拳練的就是氣，要以心行氣，以氣運身，**這才是太極拳。

（2015年）

給初學者的幾點建議

學拳，首先看你要學什麼。傳統內功太極拳，由於重點在內，外表看不出來，所以想要表演、拿獎，那就別學了。如果要學傳統內功太極拳，筆者有以下幾點建議。

第一步，學習傳統內功太極拳比較難，一般來說當然**先學基本功**。基本要求：立身中正，虛靈頂勁，含胸拔背，鬆腰坐胯，開肩沉肘。可站站樁，這是靜功，身法正了，才能練動功。

第二步，**要練動功**，首先，步法是十分重要的。有人說：「教拳不教步，教步打師父。」在保證身法的前提下動步，從開半步，踏蹺蹺板開始，練弓步，前行，練楊式太極拳的「不丁不八」步。

第三步，**練拳架單式**。先畫下來，再練熟了。練熟以後，進入關鍵的下一步。

第四步，是最重要、最關鍵的一步，**要悉心體會體內的運行感覺**，節節貫串，全身貫通。過不了這一關，學多少都沒有用，一輩子也入不了門。切記，切記！

（2015年）

練太極拳要從畫太極圖開始

太極拳要求鬆隨、圓活，一線貫通。怎麼練又有效又快，易入門？

我認為畫太極圖是一個很好的方法。

兩手畫太極圖，方法如下。

先是水平面畫（太極圖），再反過來畫（太極圖虛線）。

再是直起來畫。

然後斜著畫。

最後是隨便什麼方向畫。

注意不但要畫圓，重點在S轉換，S轉換是陰陽交

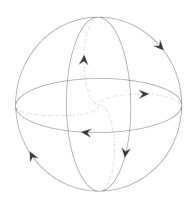

界處，不陰不陽，又陰又陽。太極拳練的就是似有非有，虛虛實實，虛實變換，所以老譜上說「虛實變換須留意」，這種變換在畫Ｓ線時就顯示出來了，這是內動，是內功，把Ｓ轉換練好，練到身體裏邊，功夫也就上身了。

（2015年）

太極拳是練習「被動」的拳法

太極拳要用意不用力，要以氣運身。楊禹廷大師說得很明白，要三不：「**不主動，不亂動，不盲動。**」《太極拳論》中不止一次地說：「**此全是意。**」

那麼怎麼用意不用力？其實一主動就會用力，所以要練「被動」。

那麼，**怎麼練「被動」**呢？

雙手放在身前，好像放在水面的葫蘆上，右手一按，左手起來，注意力不在右手，而要體會左手的起來；左手一按，右手起來，這時要體會右手漂浮起來的感覺，練的是被動的感覺，久而久之就能被動了，也真正鬆開了。

所以，我說打拳要「兩手春風拂楊柳」，楊柳枝條沒有風是不會動的，它的飄動是春風吹的，打拳就要有兩手被人帶動的感覺，好像自己的雙手是木偶的手，被一根無形的線拉著動。

（2013年）

六斷架與三連架

　　六斷架又叫坤架，而三連架叫乾架。因為八卦是乾三連（☰），坤六斷（☷），走架時，內勁不同，左右相連還是左右分開是不同的。一般是三個圈，肩、腰、胯，所以是三連（☰），乾架，為剛。

　　中間斷開（☷）是六斷，不是指八十多個式子分六段，這是外形，人為分的，不是這個意思。六斷是指坤、指柔，打拳要柔，坤是地，生長萬物，是水，上善若水。太極要陰陽相濟，走架時，有連，有斷，斷斷續續，斷而相連，勁斷意不斷，意斷勁相連，這才是太極拳的練法。

　　現在到處在傳「六段架」，有人問我，你打的是不是「老六段」？我說不是的，我跟朱懷元、高占魁、孫德善老師多年，都沒有聽說過「老六段」。後來聽說李和生去香港教拳時教了「六斷架」，後來怎麼演變成了「老六段」我就不清楚了。北京汪永泉太極拳研究會沒有「老六段」這個說法。

（2014 年）

談「通、變、靈、虛靈」

　　「**通**」是基礎，通了才能變，變得快、靈敏度高叫靈，靈了才能如皮燃火，一觸即發。未觸即變，使之落空，所以要靈了之後才能應敵，才能引進落空，達到「虛空粉碎」的境界。

　　凌空勁由此而生。

　　如何練變？要練接觸點的變化，重了不好變，變不了，死了，頂了，所以要輕。

　　輕了，剛碰到就變叫靈，沒碰到就變叫虛靈，能在將碰未碰時變，功夫就高了，不碰到就能控制對方就「神」了。要練，多練、用心意練才練得出，在此基礎上再練發勁。變得慢又不靈敏就練發勁，沒有用。

　　變通變通，能變了才能通，通了才能變；靈通靈通，靈活才能通，通了才靈。

　　虛靈，輕靈，輕了才靈，靈了才虛。

　　　　　　　　　　　　　　　　　　（2013年）

「混元」與「渾圓」

「渾圓」講的是形，而「混元」講的是意氣，是內，所以都對，都要。

不要「混元」的，說明只有外形，還沒有內，太極拳還沒有入門，因此不對。

如果去參加比賽，你只講內，外形看不出，也拿不到獎，裁判也會說你不對。而我自然崇尚道家的「混元」，崇尚「掤捋擠按皆非是」「混元一氣」「無形無象」了。

> 進退神速，虛實莫測，身似猿猴，手如運球，猶太極之渾圓一體也。
> ——翁同龢贊楊露禪

（2015年）

談太極拳的「神」與「意」

拳譜上講：**神如捕鼠之貓**。這句話主要強調以下三點。

1.以靜待動，後發先至，這樣就能捕住老鼠。

2.斂氣入骨入脊背，背一躬，然後才一躍，有一股騰挪勁。「五趾抓地上彎弓」，不能抓死，不能沉底不動，不能下蹲……

3.「功夫上手」，用爪捕鼠，不是腰帶。

拳譜上又講：**如搏兔之鶻**。即像老鷹抓兔子，強調的也是三點。

1.鷹是用翅膀飛的，所以打拳也要用手帶，「以手帶身兩翅搖」嘛。

2.是打圈轉，走圓弧，找到目標後，沿切線而下，是鷹擊長空，俯衝直下。

3.最後是用爪捕兔，還是要「功夫上手」。

關於練好太極拳，學生愛問：這樣理解對不對？那樣說是什麼意思？

其實多說、多問都沒有用，你就做一個姿勢，打一個動作，老師跟你說哪兒不對，給你糾正。一個人一個樣，一個人一個問題。老師說你那兒不對，這兒又不對，這才是好老師，這樣你才能學會，才能知道要改什麼……太極功夫是要老師一個一個餵出來的，大家一起練是練不出好功夫的。

　　內功是不易看出來的，自己更不易找，一定要老師點撥、指正。過去說功夫是老師罵出來、打出來的，現在不能打罵，但不點撥、不糾正，太極拳是練不出的，天天表揚是表揚不出功夫的。一批評就不高興，就另外找老師去了，認為「反正老師管不了我」，這樣是練不出功夫的。

（2015年）

順其自然而不知其所以然

　　朱懷元老師屋中墻上掛著一張他發勁的照片，把學生發在半空中，十分壯觀。

　　有一天我忍不住問：「老師，你是怎麼發勁的，把人放得那麼高？」

　　老師卻淡淡地說：「我也不知道。」

　　過了幾個月，我忍不住又問，可是這次朱老師看著我什麼也沒說，用手在胸前畫了個「十」字，才認真地說：「我是信耶穌的，從不說假話，真的不知道。」我真後悔又問了他怎麼發勁，也從心底裏相信他沒說假話，但並沒有進一步深入去想。

　　過了很多年，我自己在教學過程中漸漸有了深一步的體悟，才明白，拳藝進入高級階段，就到了「順其自然而不知其所以然」的境界，「我也不知道」這句話是朱老師拳藝高超的表現。

　　突然想起李洛能大師講過一句話：「有心有意還是力，無心無意方為真！」

（2015年）

論「氣壯」

　　小時候，在杭州西湖邊的岳王廟，見大殿內懸「氣壯山河」大匾，但什麼是「氣壯山河」？沒細想。

　　岳飛個子矮小，為什麼岳家軍能百戰百勝？練內功後才知道，形意是岳飛傳承的內功拳「氣壯」。

　　擊敵有用形、用氣、用意、用神的不同，練形堅剛，煉氣能壯，煉神意能飛。

　　《神運經》曰：「固形氣為縱橫之本，萃精神為飛騰之基。」飛騰者，氣之深微。

　　「養氣忘言守，降心為不為」，開始先降心氣，沉入丹田，用意守，內觀，似守非守，勿助勿忘，這是入門方法。

（2015年）

談太極拳的「靈」

　　「靈」是指靈動，是一種感覺，一種預兆。

　　心意拳講「秋風未動蟬先覺」，不必等到「秋風掃落葉」，那已經是晚秋了！詩中還講，「春江水暖鴨先知」，練太極拳的人，練好了，「靈」了，能靈動了，都有這種感受，不然就是沒練好，沒入門。

　　太極拳講究的是靈動，要虛靈頂勁，這才能後發先至，方能「如皮燃火，如泉湧出」，所以太極拳雖不主動出擊，但能後發制人，占盡先機，關鍵在於「靈」，在於空靈。別人來，處處落空，我返回，招招中的！

　　　　接點繞點走，身體如滾球。
　　　　球面有切線，就是擊人處。

　　　　　　　　　　　　　　　　　　（2016年）

談「輕靈」

「一舉動，周身俱要輕靈」，那什麼叫輕靈呢？

輕靈是指似有非有。太極拳中，「有」不對，太「實」「填實」，是滯，不靈；沒有也不對，離了，不靈了，不知對方變化。

輕靈在似有非有，輕輕接觸，「鬆」「隨」之中才可達到。

光鬆不隨不行，先學鬆，鬆了才能隨，隨是鬆加上變化，「知人」的變化，跟著變，「捨己從人」中，捨己是鬆，從人是隨。

所以輕靈是捨己從人，能捨己從人才能輕靈，捨己好，鬆得好，就輕了，再從人，就靈了。

（2015年）

大鵬展翅與神龜出水

　　從如封似閉到十字手，中間暗藏一式──大鵬展翅，這大鵬展翅，實際上與王薌齋站樁功中的「神龜出水」是同一內功，僅圈大小不同而已。

　　展翅好學，易入門，而「神龜出水」技擊性強，更隱蔽，都是內功練法的秘籍，一般不點破，是只傳高徒的要式。

　　要點在於下列幾點：

　　1. 伸頸上入天空。

　　2. 兩臂上下壓水，飛升。

　　3. 左右手經背打通。

　　4. 體會龜背、含胸、兩腿騰挪。

（2016年）

太極拳似導彈系統工程

太極拳涉及的面很廣，不能用簡單的物理學知識來解釋。的確，太極推手涉及槓桿原理、向心力、離心力……但僅用這些知識來解釋太極拳是遠遠不夠的。

愛因斯坦曾說過，用聲波的變化來解釋貝多芬交響樂是愚蠢的。

在太極推手中涉及大腦指揮系統，最後形成不丟不頂、借力發人的效果，就像導彈追蹤打飛機，當然有作用及作用力使導彈前行，但重要的是紅外追蹤、電控系統、爆炸控制……只強調某一部分是不全面的。

所以說，太極拳是一項系統工程，不能簡單地用力學或電學來解釋。

如果說直拳、飛腿像槍彈，像炮轟，那太極拳是能進坑道打彎的火焰噴射器，是紅外追蹤的導彈。

（2013年）

貳 經解篇

《道德經》與太極拳

老子《道德經》一開頭就是「道可道，非常道」。

第一個「道」是指客觀規律，先天的，不以人的意志為轉移。

第二個「道」是指人們所理解的後天之道。

先天之道不是你我說的後天之道，不是人定勝天的道，人是勝不了先天「道」的。馬克思也說，客觀規律是不以人的意志為轉移的。孫中山說：「世界潮流，浩浩蕩蕩，順之者昌，逆之者亡。」這就是偉人，如果一個人反其道而行之，違反這個規律，就成了小人、罪人，幹得越多，罪孽越重。

太極之道就是非常道，太極拳也就是非常拳。

道就是追求無為，拳也要「無為」，順其自然，「隨人所動」。

《道德經》中說「道常無為，道常無名」，太極拳就沒有招（無名），無法為法，無名即無法（方法）。《道德經》還說「道體有常，道用無恒」，在太極拳中，什麼是道體有常呢？太極拳講體，體就是太極之

體、太極之道，是必須遵循的。

太極拳中的道體有常就是「**懷抱太極，腳踏五行**」。道用無恒，說的是拳法無限，萬法歸一，又一生二，二生三，三生萬物，一個太極生萬物，一個抱球生千招萬招，無限招法。

練太極拳，悟《道德經》；學《道德經》，悟太極拳。

（2012年）

談「致虛極，守靜篤」

老子《道德經》第十六章一開始說：「致虛極，守靜篤。」後面講：「歸根曰靜，靜曰復命，復命曰常，知常曰明。」這裏講頭兩句。

「致虛極」是狀態，人進入「致虛極」就是進入虛無縹緲的狀態，現在就叫進入冥想，處於半睡半醒的冥想狀態。

要進入這種狀態，方法是「守靜篤」，透過「守靜篤」可以進入虛無狀態，要靜、要鬆。

所謂**虛無狀態**，是指似有非有的狀態，「有」不對，「無」也不對，求的是似有非有，似無又有的境界，這是最高境界，這種境界，其實由各種感官都可以感受到。

人的感覺器官有五，嗅覺、視覺、聽覺、味覺、觸覺，佛教中叫五蘊。

西湖中有座斷橋，白娘子遇許仙的地方，下了斷橋是白堤，紀念白居易而命名的，白堤連著的是孤山，孤山有一座九曲小橋，小橋亭子裏的匾上有兩句宋代詩人

林和靖的名詩，關於詠梅的：

　　疏影橫斜水清淺，暗香浮動月黃昏。

　「暗香浮動」，寫得太好了。似乎有，似乎沒有，就叫暗香，一會兒吹來，一會兒又沒有了，叫浮動，寫得多好！這就是嗅覺的「有無」之間。

　　我們20世紀60年代唱《莫斯科郊外的晚上》，一對情人，晚上靜坐在郊外，俄語原文裏有一句：「歌聲聽得到，似乎又沒有聽到。」看來俄羅斯人也一樣，欣賞這種似有非有，似無又有的境界。

　　從觸覺來講，太極拳的輕靈，練的就是一種一觸即發、將發未發的臨界狀態；打單鞭時，耳聽背後樹上的知了叫，練的是聽覺；眼神要遠看，似乎又沒看見，練的是視覺的似有非有；一種叫香功的功法，專門練嗅覺的似有非有。

（2014年）

關於「意氣君來骨肉臣」

何為「無手拳」

　　「意氣君來骨肉臣」，是講意氣是主要的，而骨肉是次要的、輔助的。打拳的過程是先練外形，然後求行氣，最後用意打。

　　先練運行、轉換，是外形，是「骨肉」。

　　次練無形的內動，由大圈變小圈，變成無形內動。

　　最後只是用意想一想，就有內氣的動，內氣的運行。

　　練拳的過程如下：

　　1. 先練圓，隨順。

　　2. 再練節節貫串，轉換折疊，練內氣運行。

　　3. 最後用意，打無手拳，無外形（似無臂的人打拳）。

（2011 年）

愛因斯坦給我的啟迪

愛因斯坦說：「科學地描述一切是可能的，但這樣做是不明智的，是沒有意義的，就好比你把貝多芬的交響樂用聲波變化來描述一樣。」

我覺得很多人都努力、用力學太極拳和太極推手，用槓桿原理、離心力等來理解太極拳的原理，同樣是沒有意義和不明智的。

太極拳本是一種文化傳承，是一種藝術，源於道家，帶有玄學色彩。

很多人都把「玄」看作不科學的，因為有神秘色彩，而愛因斯坦卻說：「神秘就是我們所能體驗的最美的事情，它是一切真正藝術和科學的源泉。」

因此，不要把太極拳中「以心行氣，以氣運身」看成是不科學的而心有反感，相反地，它是一切真正藝術的源泉。

（2013年）

拳譜講解

問：什麼叫「尚氣者無力，養氣者純剛」？

答：太極拳要用意不用力，怎麼能不用力呢？要純以氣運身。

「尚氣」指的是崇尚氣的運行，要煉氣，以氣運身，用「氣」來帶動拳式運動是不用力的，是沒有力的，所以說「尚氣者無力」。

第二句進一步告訴人們，氣養足了，就剛了，這是純剛，不是力。

「尚氣者無力，養氣者純剛」，是要練拳者以氣運身，就能用意不用力；以氣運身，氣養足了就能「純剛」。

問：請談談「以己依人」和「以己沾人」。

答：原文是「以己依人，務要知己，乃能隨轉隨接；以己沾人，必須知人，乃能不先不後」。

大家知道，「知己知彼，百戰不殆」是講知己和知彼問題，而這裏談了一個「依」字，一個「沾」字。

「依人」是指由別人動，隨別人進，別人來了，我就要化，不是退縮，退了就丟了，所以自己要安排好，才能「隨轉隨接」。他退了，我要「沾人」，要跟上，速度要「不先不後」，不快不慢，所以必須「知人」。

接著武禹襄就說：「精神能提得起，則無遲重之虞；沾依能跟得靈，方見落空之妙。」

又談了「沾」「依」兩字，說沾、依一定要輕靈，要輕要靈，才能引進落空，談的是沾黏連隨的要領，是引進落空問題的關鍵。

所以接著講，「往復須分陰陽，進退須有轉合」「機由己發，力從人借」，機會、時機、關鍵時刻是自己創造的，力是從別人處借的。這個「己」不是「我」，是指自然而然的「它自己」，「隨它去」的「它」，客觀的自己，自然規律，「不要由己，由己則滯」，這個「己」指的才是我自己。

（2015年）

什麼叫「著熟」和「懂勁」

　　王宗岳《太極拳論》中說：「由著（着）熟而漸悟懂勁，由懂勁而階及神明。」究竟什麼叫著熟和懂勁？

　　這段說練好太極拳，練到「神明」階段，到達「人不知我，我獨知人」的那種高級階段需經過著熟、懂勁後才能逐漸到達。

　　「著熟」一般人解釋為「招熟」，這肯定是錯的，這種錯誤的理解嚴重影響了太極拳水準的提高，太極拳是不講招的，是無法為法的，是講隨人所動、後發制人的，把「著（着）」解釋為「招」，違反了太極拳拳理和基本原則。我曾查過《康熙字典》《說文解字》等，「著」都沒有「招」的含義，「著」與「招」毫無關係；而「著」就是碰著的著，我們說「你碰著我了」「飛機著地了」，就是那個「著（着）」，指的是「接觸」，練的是接觸一瞬間的變化和熟練程度，接觸時感覺的靈敏度，所以叫「著（着）熟」，在汪脈中「著」又叫「接手」。

　　朱懷元老師說「一接點中求」「接手四梢空」，就

是練「著熟」，平時所說推手，就是練接觸時的變化靈敏度，而不是「招法」。招法是主動的，不是隨人所動的，所以在《太極拳論》結尾時，王宗岳再總結強調：「本是捨己從人，多誤捨近求遠，所謂差之毫釐，謬之千里。……是為論。」

練「招」就不是「捨己求人」，而是「捨近求遠」，要切記。不然是練不出太極拳內功的。

至於什麼叫懂勁，楊家內傳家譜中已有「太極懂勁解」和說明，簡單說，「懂勁」是指「無須有心之運用耳」，就是說想也不用想，現代科學名詞叫條件反射，達到了想也不用想，有了條件反射就叫「懂勁」。所以我問朱懷元老師：「你是怎麼發人的？」他總是回答：「我也不知道。」記得有一次我指著他那張掛在墻上把學生發到半空中的照片又問，他在胸前畫了一個「十」字說：「我是信耶穌的，從不說假話，真的不知道。」這是懂勁後的現象。

「打拳要像毛驢拉磨」是太極拳用意不用力很好的比喻和練法，是對活腰、借力的詮釋，我是磨，毛驢拉我，指的是被動和借力，磨心是腰，要活，不能用力。

（2015年）

再談「由著熟而漸悟懂勁」

　　王宗岳《太極拳論》中有「由著熟而漸悟懂勁，由懂勁而階及神明」三步曲，其中，「著」是碰著的「著」，是指搭手、接手和目前通稱的推手，「著」不是「招」，太極拳不講「招」，是無法為法。

　　我20世紀50年代跟牛春明老師學拳時，誰練招、說招，牛春明老師要罵的，不聽要被趕走的。汪永泉叫「接手」，接手變化自如，「通」了才漸悟懂勁。

　　「懂勁」是指條件反射、隨機應變，不是主觀地去變，熟了以後，對方怎麼變，自己也變，是條件反射，不知不覺地變。有了條件反射後，才階及神明，「神明」是指「人不知我，我獨知人」，能隨心所欲把人發放，別人不知怎麼回事，就是「神」了，但王宗岳沒有說應該怎麼練，沒講練法，只說了表現。重要的是要教人怎麼練，須有練法和培養過程。

（2015年）

「著」不是「招」

王宗岳《太極拳論》中有言：「由著熟而漸悟懂勁，由懂勁而階及神明。」現在幾乎都以「著」就是「招」來解釋，非也。

其一，我查閱了《康熙字典》和《說文解字》，沒有這一說法。

其二，太極拳不講「招」。

其三，招是主動進攻，「著」是接觸，如「你碰著我了」「飛機著地了」，指的是接觸，練拳中指「接手」。

練「著」是練反應，被火燙著的「一動」，練的是靈敏度。

「著」是如皮燃火，如泉湧出。

「著」是被動，是後發先至。楊禹廷強調三不，第一個就是不主動。

「著熟」是反應快捷而精準，是穩、準、狠，與練手法是兩回事。

「招」與「著」的根本差別，在主動與被動，太極

拳是一個被動的拳法,「彼不動,己不動,彼微動,己先動」,是後發先至的拳術。在李亦畬的《五字訣》中,第一點就要求「隨人所動」,王宗岳的《太極拳論》最後總結說:「本是捨己從人,多誤捨近求遠,所謂差之毫釐,謬之千里,學者不可不詳辨焉!」這種諄諄教導應銘記心中。

招法是一種主動行為,與隨接觸而變化的「著熟」是背道而馳的,所以先師們不讓我們學招法,學招是學不好太極拳的!

綜上所述,「著」不是「招」,「著」練的是接觸時的變化靈敏度,是隨人所動的變化;「招」是主動的招法、招式,兩者是不同的。

我的觀點不一定要求別人認同,僅供參考。但有人將王宗岳《太極拳論》中的「著」字直接改成了「招」,我認為那是不對的。

（2015年）

太極拳的方圓

　　太極拳圓也，太極拳方也，圓中有方，方中有圓。如果以圓運動來看，圓周運動是圓，而切線方向的離心力是直線，是方，在圓周運動中，時時會有離心力的方，時時刻刻可以出擊，是圓變方。

　　太極拳方也，是講在直線運動中，時時刻刻可以改變方向，猶如流水，遇阻即轉，所以河流總是曲曲彎彎，直中有曲。練拳推手中練的是鬆隨勁，鬆隨才能圓中有方，方中有圓。

　　若以內外來講，內外相合求的是外圓內方，外柔內剛，外陰內陽，隨時變成內柔外剛（**外出勁**）。通順、順暢，都是陰陽的變化，內外的變化。

　　氣的運行是圓的、是柔的，在接手瞬間，發力時是剛的。極柔即剛極虛靈，運若抽絲處處明。抽絲時，本體是圓環旋轉的，但絲是直的，要注意點的變化，因為抽絲時，蠶繭是滾動的，點是不斷變化的，而絲不能斷。

（2015 年）

太極拳「方與圓」解

太極拳「方也」，處處皆方。哪兒來的方？圓的切線是方，切線是發勁，隨時可發勁，處處可發勁，因為處處都有切點。

《楊家老譜》說，太極拳「圓也」，處處皆圓。其實太極拳運動，處處都是按圓的軌跡來練的，基本上是正圓和反方向的逆圓，兩手兩腳是雙圓，如圖。又是節節貫串、一先一後相互協調地運行。

練法：

1. 正向（從胸口向上）。

2. 正向通過身到腳（上下）：雲手動步時的情況。

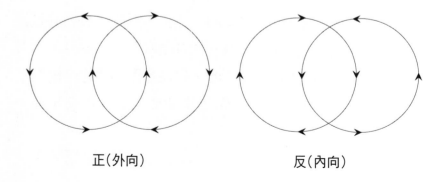

正（外向）　　　　　　　反（內向）

3. 反向（僅動上身）：摟膝拗步，倒攆猴。

4. 反向（動一邊腳帶到下身）：摟膝拗步（進），
倒攆猴（退）。

太極拳的特點是在求虛中實，即重用意不重用力；
其他的拳是求實，練的是方法、力量、速度，而太極拳
是意，是虛。

（2014年）

讀古譜「太極圈」有感

> 退圈容易進圈難，不離腰頂後與前。
> 所難中土不離位，退易進難仔細研。
> 此為動功非站定，倚身進退並比肩。
> 如能水磨催急緩，雲龍風虎象周旋。
> 要用天盤從此覓，久而久之出天然。

此文中要點如下。

太極是動功，不是站住不動，是漂在水面的不倒翁，要腳踩荷葉，漂在水面。

進退比肩，不能歪斜，平身前進，打人如親嘴，倚身平肩。

像磨坊中水沖水輪飛轉，緩急隨順，純出自然。

想想真是：真訣易得義難悟，明師雖有不易尋，得了明師功難練。

（2016年）

談「命意源頭在腰隙」

　　拳譜有一句話叫「命意源頭在腰隙」，什麼是「腰隙」？即腰上要有縫隙，有點空隙。怎麼練這個「隙」呢？要對拉拔長。

　　為什麼要有空隙呢？目的是活腰。

　　另外，拳譜上說「有病必由腰腿求之」，為什麼？沒有「隙」就死了，不活了，那是產生「頂」的根源。化不了，是腰不活造成的，必從活腰下手。

（2011 年）

太極拳「九訣」感悟

　　相傳「九訣」是楊少侯留下來的，吳孟俠將它公布於世。「九訣」第一個訣是「全體大用訣」，指全套路的用法、練法，但最重要的是結尾兩句：「全體大用意為主，體鬆氣固神要凝。」兩句話將太極拳的要領一言道破，第一是要「意為主」。第二是三點「體鬆、氣固、凝神」。這是多麼重要的概括！

　　另外，現在太極拳拳架套路第一段手揮琵琶和進步搬攔捶之間，加了一個摟膝拗步，實際上這不是打摟膝，而是橫肘，因此講：「貼身靠近橫肘上，護中反打又稱雄。」與摟膝手下摟不同，是手揮琵琶時前手被人抓住，身體前貼左手一橫（不是下摟），對方腕被拿發了。這裏是橫肘和疊肘的順勢擒拿動作。

　　下面談談**「凝神靜氣」**。「九訣」中說，體鬆、氣固、神要凝，但一般人打拳過程中很少注意，因為凝神不易掌握。但在實際生活中，常常會不自覺、無意中產生凝神。如看到一朵鮮花開放時，你就會凝神靜氣地觀察它；在公園散步時，突然想到某件事，你也會凝神靜氣地集中思考。

手揮琵琶

　　打拳時，你要把這個思想集中，凝神靜氣的意識活動也放進去，此時身體要鬆，筋骨要鬆，不用力，氣聚於丹田，進行遐想、冥想。「打拳無人似有人」，注意：此完全是意，不能動形，不能用力，而要遵循古人用意不用力的教導。如打白鶴亮翅時，想像有一棍劈頭蓋臉打下來，我右手螺旋上穿將其斜擋開。打搬攔捶時，你一拳打來，我右手沾黏，卸步輕輕一化，泄點力，左手上步一攔，接著出拳，一氣呵成，此全是意！

　　這些拳架的練習，也可打成無形拳式。

（2012年）

談「動中求靜靜猶動」

學「動」就是打拳、有外形。

學「靜」就是「定」，就是學站樁。

也就是說，打拳動作做小了，看不出了。大動不如小動，小動不如無形之動，不動之動，最終成為無形的生生不已之動，這才是內動、內功。所以站樁是高級運動，是意動，用意不用力的內動。

太極拳功夫就是「動中求靜靜猶動」的過程，這就是太極內功。

（2016年）

參 理法篇

談談太極拳的「知覺運動」

王宗岳的《太極拳論》中說「由懂勁而階及神明」，學好太極拳要由懂勁而進入神明的境界。

那什麼是懂勁？對此有很多解釋，我這裏只想說，如果沒有知覺運動，就說不清什麼叫懂勁。所以要先談知覺運動。

《楊家老譜》中有一段「固有分明法」說得十分詳細，全文如下：

固有分明法（原文）

蓋人生降之初，目能視，耳能聽，鼻能聞，口能食。顏色、聲音、香臭、五味，皆天然知覺，固有之良；其手舞足蹈與四肢之能，皆天然運動之良。思及此，是人孰無？因人性近習遠，失迷固有。想要還我固有，非乃武無以尋運動之根由，非乃文無以得知覺之本原。乃是運動而知覺也。

夫運而覺，動而知；不運不覺，不動不知。運極則為動，覺盛則為知。動知者易，運覺者難。先求自己知

覺運動得之於身，自能知人。要先求知於人，恐失於自己，不能不知此理也。夫而懂勁然也。

　　注：此段各版本皆有誤，現已改正。

　　第一段說的是，視覺、聽覺、嗅覺、味覺是人的知覺本能，而手舞足蹈是運動的固有，如果自己並不清楚這樣會迷失固有。要透過學武來體會運動的本質，透過學文來感受知覺的本原。

　　第二段說氣血運行就有感覺，外形一動就被人知道，不運不覺，不動不知，運極為動，覺盛則知，而且「動知者易，運覺者難」，先求自己身體的知覺運動，才能知人，如果想先知人，那會迷失於自己。此理不明，不可能懂勁。

　　在「對待無病」篇中又強調，先要沾黏連隨才能知覺運動，進而達到懂勁。

　　「五官、七竅皆通，謂之懂勁」，就是說，懂勁是感覺特別靈通、知覺運動可以自動反應，隨機調整方向力點；或者說達到了條件反射、無意識地反應的境界。

（2011 年）

用意不用力是學太極拳的關鍵

　　太極拳功夫的核心是用意不用力。要練好太極拳，首先要注意兩點：

　　1. 悉心體悟用意不用力的內涵，必須弄懂什麼叫用意不用力。

　　2. 當用意不用力時，肌肉是完全鬆弛的，所謂「筋骨要鬆」。而用意時，不是簡單地想一想，要有「毛骨悚然」的感覺，所謂「皮毛要攻」，「似尿非尿」，有要尿尿的感覺。

　　不用力就是「吊兒郎當」，用意是要心裏一點不讓。練中定，換而言之，要靜若處子，十分羞澀；動若江河，翻江倒海，咬牙切齒，要有牙欲斷金的感覺。

　　用意不用力是學太極拳的關鍵，通常人們認為不好理解就忽略了，只重視拳式外形，其實一定要知道什麼是用意。

　　用意就是想一想，但這想一想並不是一般人所想的那麼簡單。關鍵是能把氣貫到所想之處，想一想時，想

到之處要有反應，有感覺，有效果，要體驗到渾身之氣
都能集中到所想處，內勁能到那邊，經絡都能通到那
邊。如果沒有這種感受，就是還不會用意。用意時，外
形可以不動，肌肉不應緊張（即不用力，如起式有將自
己提起之感），拳譜上一再強調「此全是意」。好好體
會，切記切記！

（2012年）

什麼是太極拳的「用意」

太極拳講的是「意氣君來骨肉臣」，用意行氣是根本。要養氣、聚氣，有了氣後，就能行氣，想什麼地方，氣就會到什麼地方，所謂「意到、氣到、力到」，這需要經過較長時間的訓練。久而久之，意一到就有氣感，氣一到就會有作用力使對方彈出。

因此，「用意」不是指別人坐在凳子上，我想一想，他就會從凳子上翻下來，而是指自己的意念在自己身上的反應，意念引動自身內氣的運行，此時外人襲來，意動引發自然反應，將對方的力反作用於他，達到借力發人的效果。

「不用力」好理解，「用意」就不那麼容易了。

首先什麼叫用意，各人理解不一樣。有人說「用意就是想一想」，我說對也不對，不是想一想那麼簡單。有人說：「我坐著，你想一想，我會滾下去嗎？」他不相信用意，其實他理解錯了。

拳譜上講「以意行氣，以意運身」，以意行氣怎麼運行，涉及行氣的問題，那麼什麼是氣？怎麼行？氣是

指體內的一種流動感，要找到這種流動感就必須學會節節貫串，要節節貫串就必須鬆，所以學鬆是首要的。

一學鬆，二練通，不練鬆就通不了，就不會行氣，談不上用意。鬆是很難的，要好好研究，不要停留在文字上，要自己去練，練鬆肩、鬆腰、鬆胯，然後一節節鬆……

外要圓，內會鬆，以意導氣處處通。

（2011 年）

太極拳用意不用力的練法

　　太極拳要求修煉的人完全不用力，是一種心意的修煉，以「用意」來代替「用力」，行功走架找大鬆大軟的感受，找虛無的氣勢，精神的感應，求莫測的變化。

　　神意上求的是靜，要靜養，養我浩然之氣。神宜內斂，求氣斂、氣聚，練拳無時無刻不忘鬆靜，在意念的指導下，日日灌輸，日積月累，水到渠成。

　　打拳如夢遊，似水中游泳，天際漫遊，到達「心似白雲常自在，意如流水任東西」的逍遙意境。

　　歌訣：

　　　　雙手鬆摟球，兩腳臨淵走；

　　　　太極真消息，全在此球中。

　　練習用意，先練定式，練運行中的落點。落點時能氣沉丹田，「整」了，這只是個點；點有了，在整個過程中都有，就是「時時用意」，處處可成落點，所以劉晚蒼老師說，要「時時用意，處處貫串」。

練時，先練定式（先站樁），每個式都有定點、落點，然後貫串到整個過程，任何時候、任意姿勢都可以是「定」，達到的境界就叫時時用意。行拳走架時就叫意氣相合，就是合著走，此時就會感到空氣的阻力，感到你好像在游泳。

（2011 年）

如何練「不用力」

太極拳講究用意不用力，用意固然不容易學，但一般人認為：「不用力，誰不會？大家會，我也會。」其實不用力是很難的。用力是習慣，是本能，生活中天天都在強化的習慣，而要你不用力，特別是有外力的時候還能不用力，就很難了。那麼，不用力用什麼？太極拳講用「勁」，勁是內力，是由「巠」和「力」合在一起，巠在植物是內在骨架，在動物為筋，所以說勁是內勁，走在筋膜之間。

太極拳的不用力需要長期訓練才能逐漸做到。首先要練「鬆」，在沒有外力時自己能不用力，即關節鬆開，韌帶拉開。其次練「隨」，外面的作用力來時還能不用力，這就是能隨。因此，練太極拳首先要學會「鬆隨」。隨人所動，從沒有外力自己能鬆，從有慢的外力加身時自己也能鬆隨，到快速和大力時也能應對，進而達到「動急則急應，動緩則緩隨」的境界。

（2011 年）

什麼是太極拳的意氣

太極拳講用意不用力，《十三勢行功歌訣》中講「意氣君來骨肉臣」，那到底什麼是意氣？

「意」是指心意，所以有的拳譜上講的是「以心行氣，以氣運身」；有的說要「以意導氣，以氣運身」。

走架時必須要意氣相合，才能練一天有一天的長進和提高，不然是空架子。

意氣是很難用文字表達的，一定要自己去體悟，要老師指導餵勁。先要練節節貫串，「通」，達到處處貫通，而在這個過程中，要時時用意，意是心中的火花，自我的感悟。

（2013年）

什麼情況下能借力

四兩撥千金

　　拳譜上說：「太極全憑能借力，牽動四兩撥千斤。」什麼情況下可以四兩撥千斤？

　　關鍵在手和腳的狀態，只要你雙手運動彷彿是漂在水面的木板，你的雙腳如站在小船上蕩漾，整個人處於體鬆、氣斂、神聚的狀態，不要去打人，不去對抗，「我守我疆，不卑不亢」，處於心靜身靈的虛空狀態，不論多大的外力來侵，它都會返回對方的腳跟，使其連根拔起。

（2013年）

勁與力

　　勁與力不同：力練的是肌肉，勁練的是筋骨；力要求大、要快，而勁的要求是順，是通暢。

　　發勁講究催，肩催肘，肘催腕，一路順出去，不要用力，所以說抻筋挫骨（挫骨指螺旋勁，接觸到表面就有用圓銼銼鋼板的味道）。

　　吳圖南說先練啄勁，就是練雞啄米伸脖子的勁。汪永泉說手似螳臂，像螳螂的前臂，也是要你順出去，再勾回來。伸出去是鋸，回來是單鞭的勾掛。

　　當年吳圖南有一首《凌空勁歌》，裏面有：「先須啄勁練到手，再練盪勁不為難。離空諸勁都學會，哼哈二氣亦練全……」盪勁是盪胳膊，是鬆肩，整條胳膊鬆了，是鬆隨的結果和表現，也是達到氣斂後才能做到的。離空諸勁就是點斷、分勁……所以可以看出，當年吳圖南的功夫已經很好，總結出來的是切身體會。

（2013年）

意對內臟的影響

講到意對內臟的影響，以心跳為例，一般而言，跑步會加快心跳，但能否不用力、不消耗體力就加快心跳呢？

比如看到心中喜歡的人，此時你的心跳也會加速，這就是用意不用力，意念可以影響心跳。

人有五種感覺（視、嗅、味、聽、觸），這些感覺都與意有關，意可以影響內臟（五臟六腑），這是「以心行氣，以氣運身」的實例。

意不但可以控制肢體運動，也可影響血液運行和內臟功能，影響生命的運行。

（2011 年）

談「有心練柔，無意成剛」

太極拳是「有心練柔，無意成剛」的藝術，《楊譜·太極下乘武事解》中所謂的下乘，就是我們說的入門，太極拳要怎樣才能入門呢？文中明確指出：「太極之武事，外操柔軟，內含堅剛，而求之柔軟於外。久而久之，自得內之堅剛。非有心之堅剛，實有心之柔軟也。所難者，內要含堅剛而不外施，終柔軟而迎敵，以柔軟而應堅剛，練堅剛盡化無有矣！」

怎樣練柔呢？

牛春明說：「以鬆為貴，由鬆入柔；運柔成剛，剛柔相濟。」也就是說，首先要鬆，「以鬆為貴」，為什麼？什麼是柔？柔是指節節貫串地鬆，所以，柔包含兩層意義，一是鬆，二是節節貫串。

鬆，一方面是我不用力、不控制自己的動作、肌肉，而另一方面，要求一節一節有次序地鬆，從頭到腳，左右腳、左右手，以及手腳之間，都能自由地一節一節地鬆。在一節節鬆的過程中，相對出現了緊，一鬆一緊是相輔相成的，練鬆時出現了緊，也就有了剛。柔

練成了，自然「運柔成剛」，只要你一心練柔、練鬆和節節貫串，就會有剛。

目前大多數人問題出在只練鬆，而沒有節節貫串，那一輩子也練不出剛了。劉晚蒼老師跟我講，打拳要「時時，處處」，時時用意（不用力），處處貫串；汪永泉大師要求鬆通，通就是節節貫串。

練太極拳的人，大多因為用力而不通，不能貫串，勁就會斷，所以練不出太極勁，總想打人，永遠打不了人。

（2014年）

肌肉、韌帶(或筋骨)與氣的運動

　　運動與肌肉、韌帶及氣血運行有關，但人們通常不注意區分，而且往往只注意肌肉的鍛鍊。一定要學會分清它們的不同。

　　1. 肌肉運動：大家清楚，太極拳不要求。

　　2. 韌帶伸縮，要放鬆。

　　3. 以意行氣（*丹田為中心*）：要做到，肌肉不用力，筋骨放鬆，以意行氣。首先靠自己體悟，我是什麼在動？學會用意來運行丹田氣，不用肌肉運動。韌帶拉開放鬆，並且要流暢貫通。

　　這種運動是指氣血運行來帶動肢體的動作，只有肢體外動不能叫運動，只能叫「動動」。跑得氣喘喘，心跳加速的叫動運。呼吸時氣不喘，經絡運行，動作平和，這才是運動。

（2011 年）

外動、內動和意念活動

太極拳求的是意念支配下的內動，要分清外動、內動和意念活動。

1. 外動是形體位移。

2. 內動是與形體位移無關的內體運動。

3. 意念活動是思維、大腦和心意的活動。

4. 人們習慣的是外動和大腦思維。

太極拳求的是大腦思維引導下的內體活動，因此首先求內動。

內動求方法：

先從外動練起，求得節節貫串，進而感受「通」「順暢」。

然後從大動到小動，小動到無形的內動，最後達到意念引導下的內動，這就是所謂的內勁、內力。它與一般無內動的思維不同，一般思維僅限大腦。內動與普通的外動不同，它在無外動情況下，在接觸的一剎那能爆發力量，調動全身力量，迅速而無形（外形不動）。在實際對戰中會隨對方而位移（隨動），人們所見到的僅僅是這種隨動。　　　　　　　　　（2011 年）

練好太極拳應搞清幾個不同的概念

　　下面幾個概念在傳統太極拳中是不同的，至少是不能等同的。

　　1. 虛靈頂勁與虛領頂勁不同；

　　2. 氣沉丹田與實腹鼓氣不同；

　　3. 用意與「想一想」不同；

　　4. 氣與呼吸不同；

　　5. 重心與虛實不同；

　　6. 鬆腰鬆胯與下蹲不同。

　　太極拳講的是心意、感悟和心法，不是實際的操作動作，正像寫字、畫畫，不是簡單的一筆一畫怎麼寫怎麼畫的問題，而講究要有神意在其中。

（2015年）

太極拳修學中的誤解數則

1. 腰為主宰

【誤解】腰用力、腰發力。

【正解】腰是軸、旋轉中心，要活，活腰是第一位的，腰用力就死了。活腰是身靈的關鍵。

2. 鬆腰胯

【誤解】鬆腰胯就是蹲。

【正解】鬆腰胯與下蹲無關，而是身體對拉拔長，腰拉開，胯下坐。

3. 用意不用力

【誤解】有人解釋是不用拙力。

【正解】完全放鬆，絲毫不用肌肉力量。肢體運動有三：肌肉、韌帶和控制神經系統的意念。太極拳是用意，將韌帶放鬆（拉開），千萬別動肌肉，練的是不用肌肉的力量。

（2012年）

要練「知人」，不要練「打人」

　　朱懷元老師總是跟我講先要練己，不要在別人身上亂推亂摸，那樣是永遠練不出的，對待別人也只是「知人」，不要推人、打人，先練己，練好了自然能知人。

　　問他怎麼把別人發出去的，他說：「我自己也不知道。」

　　如何練己呢？當然首先要打好拳，「周身舒暢，萬法歸一」，自己安排好了就可以了，不要蹲樁，不要拿架子，要練鬆、散、通、空，尤其要通，周身貫通，其16條線處處都通。

　　劉晚蒼老師教導我要「時時」「處處」：時時用意，處處貫串。

　　練己就是要練習時時用意（不能用力），注意自己周身是否處處貫串，是否通暢。如果不通暢，一定是緊了，沒鬆好，用力了。

（2014 年）

談談「靜運動」

「靜」是指無位移的靜止，「動」一般指肢體位移。

中國古代就認為，在沒有外動的「靜」的情況下就可以「動」，所以我叫它「靜運動」。站樁是典型的靜運動，在外動靜止的情況下就可以有內動，是體內的一種流動感，經過系統訓練是可以自我感受的，這就是古人所說的氣感。

學習的過程：**動中求靜，靜中求動。**

1. 動中求靜，外動→內動；大動→小動→無形的動；先求節節貫串，求通。

2. 靜中求動。能從大動到小動，從小動做到不動時，又要主動求得生生不已之動。

太極拳是內外相隨的運動，要先求內動，然後達到內外都動。如果只會外動，那是內動還沒學到，太極拳還沒入門呢。

（2011 年）

關於「虛空粉碎」

先輩發放講究虛空粉碎。什麼是虛空粉碎呢？簡單地說就是**自身各關節相互不牽制，節節脫開**。所以說，化淨必須虛空粉碎，之後才能發勁，沉著鬆淨，不會拖泥帶水；有縫必滲，勁整不偏。

所以虛空粉碎是入化的一種境界，是發勁的基礎。不達此境界，發不準，發不透，發不遠，就是不淨。

（2016年）

再談「虛空粉碎」

虛空粉碎與
節節貫串

什麼叫虛空粉碎？

一只玻璃杯掉地上碎成塊就叫粉碎了，就是說變成互不關聯的小塊，所以粉碎是指互不關聯。

打拳要練到使身體各肌肉骨胳互不影響，似乎是不關聯的，就像「粉身碎骨」，實際上當然還是連著的，所以是「虛」的，是意將其分開了。

如發肘勁，手和小臂是鬆的，大臂也是鬆的，只有這時才能發，用虛空粉碎才能發出純的肘勁，好像擲磚頭，擲出後的磚與手、與人已經無關，這就是虛空粉碎！全身所有關節、肌肉都要如此，這才是太極勁。

（2016年）

肆 內功篇

談「內功」與太極拳入門

什麼是內功？一言以蔽之，有**內勁的體內功夫叫內功**。

從外動到內動，要經歷體內逐漸有氣的流動感，再到內氣通達全身，進而內氣能自然應用於全身而形成的功夫，可以稱為內功。

內功有不同的功法。

節節貫串的動，逐漸成了內部的流動，形成內流。內流，有通不通的問題、速度問題、通到哪兒的問題。體內有14條線，這14條線是否通暢，反應是否及時，是否可任意通、隨機而生，是4條道還是8條道，內運能量的大小，等等，反映這一系列問題的綜合能力，就叫內功。使得多了，運得好了、暢了、快了、容量大了，大小變化自如了，就是內功好。

太極拳練的這種內功還要求與外動配合，配合好了，就叫內外相合。主觀的少了，自然而然，條件反射出來，隨機而生就叫相隨。所以能「內外相合，上下相隨」，就是太極拳入門了。

如果沒有內，只有外，談不上太極拳入門，還在門外，因此首先要學的是內。外好學，看得出摸得著，內就看不見，放大了可以摸得著，收小了，摸也摸不著。必須有明師指點，「餵」你，這叫「餵勁」，餵出內勁來。這裏的明師不是名師，因為許多明白的老師並不一定有名。這是傳承問題，還有學生追求的方向問題。如果學生不想學內的東西，老師教你幹嗎？教也教不會，教會了你還認為是自己聰明學來的。當然老師不教也是問題。

　　內動和內功，是指體內功夫。什麼是體內功夫？體現在哪些方面？又怎麼練出來？下面我要講的就是這三個問題。

　　內功太極拳是不是練好了，不是看外形拳架打得漂亮不漂亮，打得慢不慢，架子低不低，主要看有沒有內功，這是可以檢驗的，而且學者可以相互檢驗。

　　我舉下列幾種方法，大家可以相互試試，自己檢查一下。

一、鬆

1.（兩人）手能否自然落下。
2.隨人所動。

二、通

1. 會不會跳。

2. 搬攔捶。

三、能不能後發先至

1. 無極樁。

2. 撐抱樁，手揮琵琶。

四、內勁練法

1. 打拳能否合著打。

2. 有沒有飄起來的感覺，如腳踩荷葉，或踩在舟上，猶如懸在空中。

3. 「神龜出海」樁。

懷抱太極的練法如下。

一、虛靈頂勁，氣沉丹田

1. 無極式（練上下節節貫串）。

2. 雙手抱丹田（練手臂鬆）。

3. 撐抱式（開合，上下）加轉腰。

二、左右抱太極

1.踩蹺蹺板
吸→經三陰經到丹田。

呼→命門落腳外側。

2. 交叉線
左腳大趾到右手食指。

右腳→左手。

（1）鬆落；

（2）轉指（大指到小指）；

（3）落的途徑（腿外側）。

3. 左右手通
提、擰、抱、落四個過程。重點在擰、抱，走S內線。

4. 四條線
（1）提；

（2）擰抱；

（3）落（上下，左右）；

（4）兩腿間。

三、練（左右）抱太極中的內外相合

抱太極練法是關鍵、是核心、是基礎，沒有它，談不上打太極拳；不會懷抱太極，就不算會太極拳。這懷

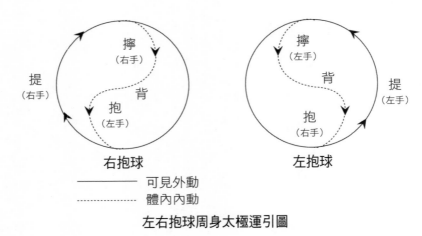

左右抱球周身太極運引圖

抱太極，練的是走內勁，練內勁，練知己功夫。太極拳在內不在外，練抱太極的關鍵是要學會走內動，然後內外相合，就是上了第三個臺階，算太極拳入門了。

四、談腰、胯、膝

練太極拳，必須把腰、胯、膝三個部位的動作分清，古拳譜上要求鬆腰、落胯，或簡單說鬆腰、鬆胯，其實確切地講是要活腰、落胯。現在很多人不會鬆腰、鬆胯，以下蹲、屈膝來代替，這樣一輩子也練不出太極功來。屈膝跟鬆腰胯完全是兩回事。

1. 練活腰

坐在凳子上練，分清腰胯的不同，轉腰、活腰，胯不動、腰要活，不能用力，一用力就「死」了。

2. 練落胯

通俗地說，就是把屁股坐下去，坐在板凳上。

3. 站著練

注意轉腰時胯不能轉，胯一轉就夾襠了！襠要開。

4. 練雲手

上述抱太極動作加轉腰就成雲手。注意胯不轉。

肩要開，開肩才能涵胸，才能力由脊發，開肩可以活動腋下淋巴腺，提高免疫力。

膝不要蹲，要蹤，「蹤之於膝，著力點在膝上面，大股前節有力」，練大腿股四頭肌，保護膝蓋。

（2013年）

太極純功要練基本功

練拳練基本功是第一位的，入門方向錯了，一輩子吃虧。練好基本功，一切都有了。站樁是靜功，練身法，那麼動功練什麼，怎麼練？

動功走架，打拳，其中，最重要的是雲手、摟膝、練正反圈。要練好雲手，先練提水桶（踩蹺蹺板，練左右通），練搖轆轤（前後），練身法，中定也出來了，所以前後、左右、中定都有了，這是身法、步法，加上雲手、摟膝就是手法。

順序是：

1. 踩蹺蹺板→雲手→十字手。

2. 搖轆轤→步法→摟膝。

3. 最後練攬雀尾。

掤捋擠按，能一線貫串，就通了。

（2015年）

談「先知己，後知人」

「會不會跳」與
「勁起腳跟」

《孫子兵法》說：「知己知彼，百戰不殆。」在實戰中，先要知己，要把自己的事辦好，自己強了，才談得上與人交戰。太極拳知己功沒練好，就想去推手，是永遠學不好的。先要練己，打拳是練知己功夫，問自己鬆好了沒有，通了沒有，身法對不對，步法行不行……並自己調整。推手只不過是檢驗自己練得對不對，有什麼地方不行的檢驗方法。

推手不要比強弱，爭輸贏。推手是一種練習方法，練自己通先要學會跳，有些人推手求「不動，生根」，認為這是功夫好，那就錯了。不會跳說明不通，在接點的力通不到腳跟，泄不出去，所以跳不起來。這種人一輩子也學不好太極拳，永遠不會借力發人。切記不要跟這樣的人一起練。拳譜上說：「勁起於腳跟，發於脊背。」如果你不能把勁放到腳跟上，「勁起於腳跟」從何談起？只能兩手用死力推人，怎麼學得了借力？我過去學拳時，如果不會跳，老師是不跟你推手的！不會跳是沒有資格練推手的，老師也不教你。　　（2013年）

知己功夫的練法

兵法說：「知己知彼，百戰不殆。」首先要知己。太極拳功首先練的是知己，自己不瞭解自己，一味想要推別人，是練不出太極拳功夫的。

要練知己，一接手就要學會把接觸點上的勁鬆到自己腳上，然後才談得上**「勁起於腳跟，注於腰間，發於脊背，形於手指」**。這些談的都是知己功夫。如果說接觸點上的力落不到自己腳上，那是沒有通的緣故，一般都是在肩部、腰胯上出了問題，所以說「有病必由腰腿求之」。

要衡量是否能通到腳上，只要看是否會跳，「遇打欲跌需雀躍」，這一雀躍就是自己通的表現，在這基礎上才可練知人功夫，由腳通過手，返回到對方身上。但要能打到對方腳上彈出，還要進一步掌握對方勁源才行。

（2011 年）

14條行氣線路與練知己功夫

練知己功夫，首先要鬆，鬆後氣才能行，即通，鬆了才能節節貫串，練到行氣如九曲珠，無微不到。氣的運行基本線路有以下14條。

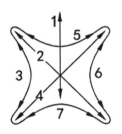

太極拳體內運行示意圖

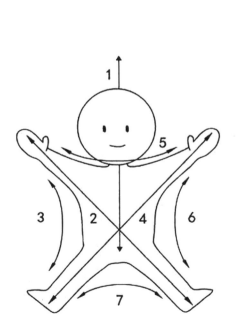

太極拳體內的7條通道(往復14條)

1. 上下、虛靈頂勁、氣沉丹田。

2. 左腳右手。

3. 右手右腳。

4. 右腳左手。

5. 左手右手。

6. 左手左腳。

7. 右腳左腳。

來回共14條，轉腰時還要加腰圍帶脈。

所以，第一要體鬆才能通，才能養氣；第二要行氣，節節貫串；最後是要反應機靈，觸覺靈敏。這才能神聚，才能到達「人不知我，我獨知人」的神明境界。

（2011 年）

中定與脾土

中定時，氣沉丹田，走任脈，增加膽汁分泌，助消化，胃口增大，可以保護肝臟、血管和心臟。我因為多年練習太極拳，胃口好，有個外號叫「飯桶」，能吃。

而虛領頂勁可以打通督脈，運氣脈，健右腦。

（2012年）

金木水火土，東西南北中，中土是根本，是五行的中土。由中出四方，土生養萬物，是母體。內家拳的心意、八卦、太極都要守中土。心意拳的劈、崩、鑽、炮、橫，橫是土，是主要的；八卦掌中，轉圈也是橫；太極拳中的擠、搌、裹，都是橫，直到混元把橫（切線）融入圓周運動。

（2013年）

練太極內功要由外入內，
由內帶外

外要中、正、圓活。

內要節節貫串，活潑自在。

養生要心平氣和，練養氣。

技擊要意氣相合，練合氣。

練拳原則：太極拳的原則就是用意不用力，一用力，一輩子練不好太極拳，所以鬆隨是第一要領，是入門通道。打拳打得「吊兒郎當」是鬆的表現，鬆了再求節節貫串，有了節節貫串就通了。

練在原則，運用在變化，功在混元。

靈活變化在肩、胯，有教拳不教胯的說法，所謂「教拳不教步，教步打師傅」，也是在胯。

高老師說，「肩不開，胯不開，洗三到節三」，也是強調肩、胯的重要。

（2013年）

談呼吸與調息

　　調息往往先從調整呼吸著手，因此有些人認為調息就是調整呼吸，其實不是這個意思。雖然調息往往從調整呼吸著手，但這是兩件事，調呼吸是入門方法。

　　「調息」的「息」是「訊息」的「息」，上面是個「自」字，下面是個「心」，這個「息」是內功，是內氣運行的過程，要自己用心去體會、體驗內氣的運行，它與呼吸是有關係，但直接聯繫的是丹田呼吸，先天呼吸，而不是空氣從鼻孔吸進呼出。

　　鼻孔和肺的呼吸是空氣，是氧的吸入，二氧化碳的呼出，這是後天呼吸，而先天呼吸是丹田氣，從丹田到四梢，再由四梢回到丹田。張三豐說：「後天呼吸起微風，引起真人呼吸動。」真人呼吸是丹田呼吸，是腹式逆呼吸，是氣的運行，「其大無外」「其小無為」，猶如十月懷胎，奇哉，怪哉！

（2013年）

談「鬆、散、通、空」四字訣

汪脈太極的「散」

「筋骨要鬆，皮毛要攻，節節貫串，虛靈在中。」這就是汪永泉傳的「鬆、散、通、空」四字訣的具體境界。當然這是我自己的認知，汪老當年沒有說過。

鬆：有鬆隨和鬆柔之分。

鬆柔：不頂，人進我退，節節貫串，才能柔。

鬆隨：敵退我進，不先不後。

汪老說學好太極拳的要領是鬆、散、通、空，這個「散」不是「散架」的「散」，不是「整和散」的「散」，不是「一團散沙」的「散」，而是「散發」的「散」；一塊石頭擲到水池，水波一圈圈散開去的「散」。發勁要鬆、要整、要散，這三點不矛盾，而是一致的：發勁不能憋氣，而是鬆散。

現在大多數人講要鼓得實，實就錯了，要鬆、散！氣浪往外擴散，此時，體內、會陰、口中都會有特殊感覺，「牙欲斷金」「似尿非尿」。如果能找到前人所比喻的這種狀態，那你就學到了真功夫。

（2012年）

談「學與練，鬆與通」

學太極拳和其他學習都一樣，要學練結合。只學不練，終究一事無成；只練不學，是瞎練，練不出什麼東西來，進不到太極拳技藝的高級境界。

太極拳的架式當然要學，但更重要的，真正要下工夫學的是鬆，不要以為鬆誰都會，知道就行了，不！知道了不見得能鬆。什麼是鬆？怎麼鬆？一人一個想法，一人一種理解，一人一個練法。一定要明師解說，要明白的老師去說明白，然後自己去體驗。一句話，鬆開了、鬆好了，就能隨人所動，就能不頂不丟，這要好好地學，好好地練，不是自己認為懂了、知道了就行。

學會了鬆，還要練鬆，要練一節一節依次序地鬆。會一節節鬆了，這就叫通，叫節節貫串，一般沒有三年五年練不出來。要通得自如，通得靈敏、迅速，是要練一輩子的，是無止境的，練好了就能行氣如九曲珠，無微不到。所以古人要求學太極拳的人「莫教斷續一氣研」，打拳時內氣無斷續處，一氣呵成，全身經絡處處通暢，所以說要「一學鬆，二練通」，學練結合，才會有所成。

（2011 年）

「通」的暢通、鬆通與圓通

通有暢通、鬆通和圓通之分，汪永泉講究練通，內勁要通達。通與不通好理解，練通了還有層次問題，必須達到暢通，才大利於健康，才能在實戰中應用。

暢通是通的高級階段，通後繼續練才能練出來，是程度問題。

就像開車，道路暢通，可以開得很快；如果不暢通，就很慢；堵死了，就叫不通。而鬆通是指練習方法，要鬆隨，鬆了才能通，不鬆不通，斷了，就是堵死了。所以鬆通是強調鬆了才通，是通的入門。而圓通，不但含有通暢之意，還包括了處處皆通。

圓是指圓活，所以是處處皆通，可隨意轉向。不是在大街上、馬路上開車，而是在廣場上、大平地上開車，可以任意開，在什麼地方拐彎都可以，也就是可以自由行了，那才是高級階段，是處處暢通，這叫圓通。

（2013年）

談「節節貫串」

張三豐《太極拳經》中說：「一舉動，周身俱要輕靈，尤須貫串。」可知貫串的重要，它的重要可由下說明。

1. 練貫串是內功、內動的入門。太極拳在內不在外，有了體內的節節貫串，就有了內動，可以練出內功。

2. 節節貫串開始是關節、韌帶的依次運動，這是初步入門；然後進入肌膜的流動感，而形成氣的運行；最後，此流動感走向肌膚，直到皮毛。

3. 如果最後達到「渾噩於身，全體發之皮毛」，就進入高級階段。

節節貫串是練好太極拳的關鍵。要練好太極拳，必須練好節節貫串，由外入內，再由裏及表，到皮毛。氣是什麼我說不清，但它是客觀存在的，這是毫無疑問的。

「一舉動，周身俱要輕靈，尤須貫串。」這句話講了兩個要點，一是輕靈，更重要的是強調了貫串的重要

性。劉晚蒼老師講「時時處處」，時時用意，處處貫串，也是強調貫串的重要性。

只有節節貫串了才能入柔。節節貫串就是一切動作要依次進行，好像排隊上車，第一個上了，第二與第三個依次排隊上車，如果中間出來一個人往前插就亂套了。

打拳就要用梢帶，就是手帶著腕、肘、肩、腰胯，節節貫串地運行。但很多人不注意，梢（手）還未動，就先動肘，或動肩，就好比上車時第一個人還沒有上，中間的人（肘）就先上了，這就亂套了。

自己可以檢查一下，是不是一直是用手帶著動的。大多數人習慣用腰帶著動，那是不對的，那是用力了。只有用手（梢）帶著動，手指→腕→小臂→大臂→肩……按次序節節貫串地動，才能練出用意不用力。 不但是手，腳也是這樣要求，從腳到腰到手，也要求一線貫串。

（2013年）

四兩撥千斤與節節貫串

四兩撥千斤必須學會用意來牽動「四兩」，這「四兩」不易學會，一定要用意才生效。

簡單地說，腳與手說上話，渾身上下、內外都要說上話，才達到「勿使有斷續處」，達到完整一氣。

如何練？雲手與摟膝拗步就是很好的練法，雲手是順圈，摟膝是反圈，是節節貫串加轉動。

吳圖南的雲鬆功是練節節貫串。其實左右抱球、懷抱太極，都是練節節貫串，所以說練不好節節貫串這一條，就練不好太極拳！

「一動無有不動」，是節節貫串地動，動快了，就像通電，電流的傳導，電子的運動。

腰要活，注意──強調的是活腰，一用力就「死了」，就僵了，卡死了，所以腰不能用力。

（2013年）

如何學會
「善於用意，控制對方不用力」

　　大家都知道打太極拳要用意不用力，但很少人去認真研究，怎麼才是用意不用力，不是說打拳時我想想手就叫用意，比如說掤，怎麼用意不用力？不容易說清楚，要靠自己悉心體會。手抱圓撐住，可是又不用力，不使勁，在似撐非撐、似鬆非鬆、似有非有中去體會。做到時，襠圓，口水會出來，人有漂浮感。古譜上說：「如水負舟行。」如水上行舟，有木板漂在水面的感受。但須「先實丹田氣，次領頂頭懸」，氣沉丹田，虛領頂勁，往上一領，才能漂起來。自己靜心去尋求。

　　王薌齋講：「飄飄盪盪隨他去，海闊天空滌無慮。」找到這種感覺，才可以練出掤勁，不然越練越遠離掤勁，練出來的是僵勁、硬勁。只有靜下來，經過一定時間的練習後才能體會到，那些粗心、急於求成、不下功夫、好表現、要顯示自我的人是學不會的。

（2011 年）

漫談練拳中的湧泉、勞宮二穴

　　腳掌心的湧泉穴和手掌心的勞宮穴，在練太極拳過程中，無論從養生還是技擊來講都是十分重要的。今天從養生、練法和技擊應用三方面大致地說一下。

　　從養生來看，湧泉穴是腎經循行經過的首個腧穴。此穴不通，腎氣不能正常行運，而腎為先天之本，健康的身體有賴於腎氣的充盈，腎蘊藏精，為水、火之源，腎氣不足，則心腎不交，水火不濟。腳的運動，散發到四肢，帶動身體四肢，「腳主四末」，也就是說四末的運動，且與脾土有關。脾主後天，與腎一起達到先天後天同使的效果。

　　全身206塊骨頭，一隻腳上就有26塊，兩隻腳就有52塊，還有多個關節，多條韌帶，腳底有成千上萬條神經末梢，這些神經與大腦和心臟相連，腳離心臟最遠，但對心臟影響最大，甚至被稱為「第二心臟」。全世界風行足療，因為足部血液循環的加強，可以減輕心臟的負擔，所以腳掌、足腕的運動可以促進血液循環，促進新陳代謝，把最遠端的末梢血流推向心臟。俗話說

「人老腳先老」，老年人有病往往腳先腫。

四梢的兩隻手心是勞宮穴，手指是手三陰手三陽六條經絡的起止點，打拳時要注意指繞掌心轉，腳繞湧泉轉。從技擊來看，這是螺旋勁的端點，是行氣的發點。打拳時，如摟膝、立掌，一定要注意掌心吐力，指端轉。腳掌也一樣，一個起勢開半步，必須是大趾、二趾……到小腳趾，沿腳掌外沿轉一圈到湧泉，一吐一吸才算完成。

在練太極拳的過程中，勞宮、湧泉二穴必須仔細體會，是怎麼轉、怎麼運行的，力求練細，練得精湛，如此才能把拳練好。

太極拳的揉球運動，結合勞宮穴的運轉，這個擰轉是帶動整個手臂以及腰腿的一致運動，使肌肉、神經、血管得到全面的放鬆，帶動脊柱運動。在此過程中，體內可產生三磷酸腺苷，從而提高自身免疫能力。此時口水充盈，是提高免疫力的證明。（「活」字是舌上之水，古人認為口水是生命的源泉，口水充盈能大大提高機體的免疫力。）

（2013年）

如何檢驗通

　　檢驗通的最好辦法是看會不會跳。

　　跳是檢驗通的第一步，是練己。打別人跳，是知人。不知己，不練己，就談不上知人。

　　外來一個力先要放到自己腳上，通到自己腳上，然後勁起於腳跟，發於脊背，形於手指。

　　如果做不到起於腳跟，何談形於手指？

　　現在大家說不要輸在起跑線上，你若起跑點都找不到，怎麼談得上快慢輸贏？

　　學跳是找起跳點，會跳是找到了起跑點，不會跳別推手。

　　會跳說明了什麼？說明以下幾點。

　　1. 說明能通到腳上。

　　2. 學會了借力的初步。

　　3. 節節貫串已經練得不錯。

　　4. 能隨人所動。

　　會跳後，進步就快了，才能藉力，然後才能談借力發人。

節節貫串→腳勁起腿跑（是起跑點）→知己、練己。

　　跳是起跑線，不會跳就是不知起跑線在哪兒。

　　跳是檢驗通不通的很好的方法，也是一種練己的方法。

（2016年）

練太極拳內通有感

忽感體內春江流，

大力來侵水浮舟。

往日白費頂牛力，

如今自在逍遙遊。

1999年春於櫻花園　2012年重改於天通苑

談「空、鬆的練法」

　　太極拳要空、要鬆，鬆了才能空，虛空是一種鬆透的境界，鬆透了，就會感悟到空。太極拳強調「以鬆為貴，由鬆入柔，運柔成剛，剛柔相濟」，強調「以鬆為貴」，那就要天天練，時時刻刻貫串到拳架與推手中去。問題是怎麼算鬆，怎麼練鬆。

　　那麼怎麼算鬆？如果你打拳時感到手漂在水面上，浮在那裏，那就鬆了。如果你感到手不是你的，打拳時有繩索把它吊著，自己是無臂的殘疾人，那手算鬆了。只有鬆了才能隨人所動，才能達到楊禹廷大師「三不」中的「不主動」。

　　那怎麼練鬆呢？郝少如先生曾提出「三虛包一實」的練法，記得那一年我去上海拜訪他時，他就跟我說，打拳要鬆開，要虛實分明，就練「三虛包一實」，落點時，一隻腳是實的，另一隻腳和兩手都是虛的。後來他把這一練法寫入他後來出版的《武式太極拳》一書的理論要求部分。

　　「三虛包一實」的練法對我太極拳拳藝的提高有極

大的幫助，我現在教拳，也要學生練「三虛包一實」，然後轉變成「三實包一虛」，發落點，就在這變換一刻，「變換虛實須留意」，發放、中定、虛空全在於此，不然就是雙重之病。因此，王宗岳《太極拳論》中講：「數年純功，率被人制，雙重之病未悟耳。」

（2015年）

如何練「氣斂」

楊班侯說「體鬆、氣斂、神聚」。什麼叫「氣斂」？「氣斂」是一種感覺，是內功的一種體悟，與憋氣無關。

斂氣時有牙欲斷金、似笑非笑、似尿非尿的感覺。

牙欲斷金不是咬牙切齒，只是「意」，想咬而已，不是真咬！或者叫「自己想跟自己較勁」，臉上想笑又笑不出來，丹田襠下有想尿的感覺。

古人說：「尿時咬牙能增壽。」大概也是指這種感覺，這種練法！

站著、躺著放鬆，找這種感覺，就是養氣。

斂氣的練習如下：

起勢：將自己提起。

摟膝：摟為斂，按為放。

蛙泳：手後劃，縮身為斂，前伸為展。

左右掄劈：（劉晚蒼法）收（下插）為斂，劈為擊、為展。

猿猴爬樹：練縮，縮為斂。

提手上式：轉身為斂，前展，閘丹田。

雲手：下插手為斂，閘丹田。

（2016年）

什麼叫行氣，怎麼行氣

太極拳譜中強調「以心行氣，以氣運身」，「行氣如九曲珠，無微不到」。那麼首先要問，什麼叫行氣，怎麼行氣？

根據我六十年練習的感受，我認為，**行氣是指體內的一種氣體流動感，像無形的氣體在流動。**這個流動感是怎麼練出來的呢？過程如下。

練拳時先外動，練外形，然後——

外動→內動→節節貫串地內動→無形的流動感。

這個過程是大動到內動再到小動，外形不動時內部依舊在動，而且是節節貫串地動，就像多米諾骨牌在依次倒塌，然後就會有流動感。用意念來控制動的方向就叫「以心行氣」，到處都可以到就叫「無微不到」。

〔註〕：多米諾骨牌，又稱西洋骨牌，是一系列使用矩形「多米諾」骨牌玩的遊戲。 （2013年）

尋找「氣」的感受

　　練太極拳必須要行氣，要有氣感。什麼是氣呢？簡單說就是**體內的流動感**。這一感受的形成過程是先找內動，然後形成節節貫串的內動，最後產生流動感，如水流。氣的流動感更輕微，也就是更鬆、更輕、更靈敏的一種感受。

　　舉例如下。

　　1. 左右抱球時的擰抱，有流水感，從右手流到左手，通過背。

　　2. 雲手，也如抱球一樣，只是加轉腰的旋轉。

　　3. 摟膝，摟時是大圈，（手內）有瀑布下瀉的流動，按住後，手掌還有小圈，後手大圈上提，兩腳內側（到襠）有過山車上下起落的過程。

　　氣感必須在完全放鬆的情況下才能感受到。

（2013年）

關於「開合」

太極拳就是一開一合，在一開一合中進行，先開後合，先合後開，開了就合，合了要開，自然通暢圓活。但要注意的是，開合由大變小，由小變無，漸漸達到無形，即開就是合，合就是開的靜中寓動、動中含靜的無形狀態。

合時氣沉丹田，同時又虛靈頂勁。虛靈頂勁時又沉肩墜肘，對拉拔長。如打抱球一式時，手下插的同時沉肩。合住時要上拔，如海底針，打搬攔捶時要拔背，才能出內功。

還有，起勢時，提自己時要鬆胯；擠在捲時先落又漲肘，擰時上提又沉胯……

開合，在時空上為大小。開為大，合為小。小到一點，到無；大到無邊，無盡。即「其大無外，其小無內」。

什麼叫開合？什麼叫開中寓合，合中寓開？

外形圓和意氣圓活（內氣圓活舒暢），節節貫串。

動中求靜靜猶動，大動變小動，達到靜了還在動

（外形靜、內氣動）。

　　內氣從勁源到勁端叫「散」，是開；內氣從球皮收到丹田叫「斂」，是合，為聚。

　　每次開合，到端點時要圓轉，要活腰，就能一線貫串，連綿不斷。

（2011 年）

開合與內外

　　內是悟內氣，外是指外形，內外是協調的、一致的，但又不完全同步，特別是在轉換關頭，外形還沒合，內氣已合；外形還在開，內氣已合，是開中寓合。外形還合著，內氣已開，則為合中寓開。開合與內外要悉心體會，特別是在變換中要注意。

　　鬆腰先拔腰，轉腰不轉胯，轉胯開不了襠，襠會夾死。

（2011 年）

談「陰陽開合與動靜虛實」

在太極拳推手中，虛實很重要。首先要說，虛實與重心無關，重心是一個物理學概念，對一個物體、一個人來說是不變的。

王宗岳《太極拳論》中講：「太極者陰陽之母也，動之則分，靜之則合。」就是說，動是分，是虛；靜是合，是實。人們往往認為動是剛，是實，這是錯的，如掤勁，要輕輕掤出，不是剛的遇到頂力才靜、才定，這是以柔克剛。

實腳要漂浮，猶如踩荷葉，是實中虛，靜中動，踩死了就錯了，所以有「太極陰陽少人修，吞吐開合問剛柔」之說。

（2014年）

談「內」與「外」

「外求鬆隨，內要整」（要通、要斂）。

外是指外動，外動要鬆、要隨；而內是指內動，內要練一氣貫串，內勁運行。以抱球而言，外動走太極圖外圈○，內勁走的是太極圖內部的S（在右手領肩背到左手的過程）。內勁要求一氣貫串（通），還要隨時能停，即「正」，是中定，是定勁。定勁一定要合、合住。

內勁一整，要求虛空、實腹，即《道德經》所言「虛其心，實其腹」，才能達到「道本自然一氣流」的境界，有毛髮豎起、提襠、口水出來的感覺。

（2011 年）

內動、內勁與內氣

內動是體內節節貫串的作用點位移，這種位移在技擊中靈活變換，能發揮作用，與肌肉打沙袋練的力量無關。

內勁只是一種內部的流動感，像液體在流動，又不是液體，像氣體，無形而不可見，因此又叫內氣。

什麼是「氣」？我的體會，它是一種體內的流動感，是一種靈動。氣的運行就像煮水，火在下，水裝在壺裏，上面再加上蓋，水就能煮開了，功夫就能練出來了。一定要心火下降，腎水上提。這樣不僅能練出功夫，而且可以養生。

掤是腎水上提，将是心火下降，擠是坎中滿（☵），按是離中虛（☲），中定是土。

（2012年）

論「懷抱太極，腳踩五行」

打太極拳要練抱球，但光練抱球是不夠的，要練抱太極。抱太極與抱球不同，一個有內，一個只有外形而無內，太極拳在內不在外，如果只抱球，不抱太極，就掌握不了太極拳。首先要分清，什麼是抱球，什麼是抱太極。

1. 抱球（圖1），沒有內，沒有S，只有圓。

2. 抱太極。中間這個S是由內運行出來的，有了S就成了太極圖了（圖2）。

3. 還要有內有外，內外相合，上下相隨。虛線為內（----），實線為外（——）（圖3）。

（2013年）

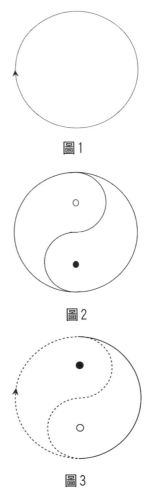

圖1

圖2

圖3

談「內功」

　　古語云：「識得內功休再問，勝讀拳經萬千篇。」也就是說，內功是關鍵，你要認識它，瞭解它，如果你認識到了這一點，就可以入門了，千千萬萬的拳經的要點還是內功，你認識到了，知道了，就好了。

　　郝少如對我一再強調：「太極拳在內不在外。」如果我們不從「內」去找，或找不到，那你就學不好太極拳，入不了門，練上數十年，還是門外漢。

　　不要自欺欺人，你有內功嗎？知道什麼是內功嗎？有人說，我手熱了、麻了，有內功了……我說句心裏話，太極內功不是指這個，有內功，手會熱、會麻，但不能說手熱了就是有內功。

　　正如人有兩條腿，雞、鴨、麻雀也都有兩條腿，但它們不是人。

（2013年）

外看一個圈，內外兩個圈

　　太極拳講究圓，走圈，基本練法是抱球。以左右抱球而言，從外形看是一個圈，你能走出兩個圈來，那就算功夫入門了，與人接手也有了勝算的可能。

　　如果只有外形一圈，走得再圓、再活也不能打人、發人，不能達到引進落空、借力發人的境界。必須在外圈中有內圈，這個內圈中還要套一個小圈，這樣就成了「外看一個圈（看得到的），內外兩個圈」，其中一個圈是隨外形的圈同時在體內運行。但如果你能在下抱過程中，裏面再加一小圈，那就完全不同了。

　　外表看來似乎變慢了，實際上是比別人快了，多走了一個圈。如果沒有這個小圈，而單純求慢，慢得發呆，不但沒有好處，反而練僵了。

　　我不贊成「太極拳打得越慢越好」的說法，我總叫學生打得快點，隨便些，「吊兒郎當」些，就是怕他們打僵了，那就一輩子也練不好太極拳了。

（2012年）

「養氣」練法與「中定」練法

打太極拳有「養氣」練法和「中定」練法之分。

「養氣」練法就是「養身」練法，是以養身為目的，打完渾身舒暢。

重點在轉換，轉換時，丹田氣悠揚婉轉，十分輕柔，真有天朗氣清、惠風和暢的感覺。

「中定」練法，也是技擊練法，每式終點都有落點，緊要氣聚，就是氣斂一下，也是技擊中的發落點，熟練之後，不一定在每個拳式終點，在任何過程中、任何時候都可以成為落點，一斂就成整勁，就能發人。在打拳時，打每式終點作為落點，作為轉換。

平時打拳應以「養氣」為主，只有氣養足了，才可斂氣，「氣以直養而無害」。如果老練定勁、斂氣，對老年人不太合適，練多了，練過了，易傷身。

練拳以行氣為主，在中定時，產生的是冷斷，需要勁斷意不斷，意氣轉換時則意斷勁相連，勁不能斷，所謂頂勁不能丟，如此才不會產生縫隙，不使對方有機可乘。

發在轉換瞬間、將起未起之時，虛實轉換一瞬間，虛時沒有，實時也沒有。

　　掤要撐臂，飄浮。

　　捋在圓襠，要吸吞。

　　擠要捲肱，似尿非尿。

　　按在掌心，輕撫摸。

　　採要領拔，指張。

　　挒要下蹬開襠，橫臂。

　　肘在沉肩捶打。

　　靠要鬆胯，平移。

　　練拉黃包車，起步瞬間，將起未起之間，在兩步交替之中，一步將起，另一步未落，正是發力之時。

（2014年）

外圈與裏圈

　　汪脈太極拳有養生架和技擊架之分。

　　養生架走外圈，外圈帶裏圈，摸球皮，用毛驢拉磨法。

　　技擊架是裏圈帶外圈，用於技擊，走球心，斂氣；但若練得過了，容易傷身。

（2011 年）

伍　內勁篇

談「內勁」

內勁是內動運行而產生的，是內功功法的體現。

內勁的大小是由通暢程度、反應的靈敏度決定的，與肌肉發達程度、打擊力度無關。

決定內勁的是「意」，所以說**太極拳要用意不用力**。

訓練過程中強調的是練感覺，隨著對方的微小變化，在瞬間順其自然地來對待，即要鬆隨，要靜心，然後達到「如皮燃火，如泉湧出」的效果。就如你開始不知道火爐是燙的，摸到時，手立即縮回。同樣，當對方的來力方向、大小、速度不明時，在一觸的瞬間就調整過來，使它彈回、落空或分到身外，不到自己腳跟，反而使對方站不穩。

這種內勁運行的流動感叫內氣，能打通經絡，強身健體，延年益壽。

內勁的練習方法如下：

練太極拳與力氣大小無關，與肌肉發達程度無關，愈用力，愈僵硬，愈不靈、不通。要練意，練鬆，練支

撐四面八方。練斂氣，練氣到四梢，練通，練的是鬆、散、通、空，練的是「筋骨要鬆，皮毛要攻，節節貫串，虛靈在中」。

一定要從思想意識中去掉練力的大小及以力勝人的想法，不然就練不出來內勁。

「筋骨要鬆」是練鬆隨，練感覺，練靈敏度。

「皮毛要攻」是練皮膚的敏感及反應速度，練整勁，自己穩住來支撐四面八方；來的作用力要彈回、分散，不能到我體內，在表皮接觸到的一瞬間就分散了。

「節節貫串」是要通，體內十四條經絡線處處通，才能分散對方的來力並反擊。

「虛靈在中」，像飄在空中的氣球，像中空的輪胎和皮球，打不到內部。

（2013年）

拳式與勁

拳式與勁是兩碼事，又相關聯，開始時是用某一式，練某一種勁，如掤就練掤勁，擠就練擠勁。有了內在的勁以後，在任何拳式上都可根據需要，根據外界變化而出勁，所以說那時就是「掤捋擠按皆非似」。

牛春明說：「你以為攬雀尾就是掤捋擠按嗎？告訴你，就在指頭上，在針尖上。」拳式是外形，勁是內功，含於內的，太極拳外形必須隨人所動，在運動中發出自然的內勁。而外家拳以及摔跤、擒拿等，則以我的力來實現我所需的姿勢，所以是主動的，是用力的。

太極拳不能用力，它不是用大力來實現自己的目標，而是在外動隨人的過程中，以自己的內功，在自然而然、不期而然的狀態下，實現制勝的結果，因此是四兩撥千斤。周身舒坦，萬法歸一，應物自然，連自己都不知道是怎麼回事。

（2015年）

明勁、暗勁和化勁

勁分明勁、暗勁和化勁三種。

明勁即剛勁，煉精化氣，易骨之道也。

暗勁即拳中柔勁，煉氣化神，易筋之道也。

化勁者，即神還虛，為洗髓功夫。

將暗勁練到至柔至順，「拳無拳，意無意，無意之中有真意」，是煉神返虛。無聲無息，全身透空，盡性立命。

（2015年）

漫談「按勁」及其變化

按與推不同，具體如下。

按：空掌心，如捉蟋蟀，按住不讓動的「按」。有下按、前按之分。

推：如推人、推車。推車時前進，用身法。推時力點在掌根，坐腕；按時力點在指前，勞宮穴周圍。

按時用擦皮勁，變換在腕；推時，沉肘，勁起腳跟，發於脊背，其勁極細微，變換鬆手腕。

推按口訣：

推按按推推即按，

按推推按按即推。

此訣中的「即」可作「立即」「馬上」解，亦可作「就是」「相同」解。

「立即」「馬上」，指變化快，兩作用點相近，距離越來越小，速度越來越快，最後小到重合，快到分不出，就成了「就是」。

或者說，推完就按，按後即推，速度越來越快，距離越來越小，最後合二為一，合成一勁，非推非按，難以區分，既推又按，達到混元一體——道的境界。

　　下按時有吞吸、鈎拿、吸定、吸引、點斷。

　　前推時有開合、抹移、研磨等變化。

　　按勁由提、按、開、合四個動作合成。

　　提為蓄，提到脊背；按由肩肘腕直達手掌根；開在掌根外小指側，是第二次蓄勁；合為放，合在勞宮穴，為定勁，不往前推，讓別人來撞，彈回去。

　　按勁也可走縫，有縫就潛入，鑽進去，用手指帶，指方向，就像堤壩上有孔隙水就鑽進去一樣，蟻巢之穴可將大堤毀於一旦。小臂要側接，以側接正，對方進不來就出去了，並捎帶螺旋和滾翻勁。

　　所有過程要注意手帶身，手引領，不能用腰推。腰不用力，要拔到脊背，要「腰頂」，頂到脊背，由脊背發力。

　　　　　　　　　　　　　　　　　（2012年）

再談「按勁」

攬雀尾的按勁，從外形上看是推按，但從內勁運行來說正好相反，是「抓吸」，按到落點時五指用意一抓，內勁從大拇指、食指轉到小指，掌心勞宮一吸，同時腕一坐，是一個吸吞的內勁。此時口水會出來，會陰一提，吊襠一咽，水火相見，是一個極重要的養身養氣動作。如果沒有內勁，而只是外形往前一推，那是傷身的散氣動作。

所以按勁到落點時不能再出去，要按住、中定，要等待，等對方的變化。

如果對方來力，必定自投羅網，撞在牆上被彈回；如果對方不來，我就在此時變單鞭，狀如毛驢拉磨，兩手好像在水面漂浮的木板上畫一個圈，腰要活，要手帶腰，意帶身，所謂「以手帶身（腰）水上漂」。此時鬆腰鬆胯，才能借力發人。

（2013年）

談「發勁」

發勁是指如何將勁發出去，不是打，不是打人。

發勁是將勁順出去，絕對不用力，與肌肉發達與否無關。

發勁的基礎是鬆、順，將勁順出去，起點在腳，發點在背（勁起於腳跟，發於脊背）。

發人順序是鬆、定、隨、順、彈。先是自己鬆透，來力撞上我的定勁，他力回時我能鬆隨而去。我勁由脊背順出，將對方掀起送出，他要站穩來扶，被截彈送，此謂發人，由問送而成驚彈，一氣呵成。

（2011 年）

談「合勁」

什麼是「合」，怎麼練「合」？

合就是**支撐四面八方**，當你周身舒服、萬法歸一時就是合住了。從外形上講，當然要外三合，即手與腳合，肘與膝合，肩與胯合，但根本的還是內三合，必須用心去體悟！

（2016年）

滲勁

推手時，不是要用力把別人推跑，而要用意，用滲勁滲進去、透過去，就像水滲過土壩那樣，把堤壩沖垮，即使為水泥牆，意也要滲進去、透過去。

（2013年）

楊班侯九訣中的六合勁

在擰裹、鑽翻、螺旋、崩炸、驚彈、抖擻六個發勁中都要合住。

1.擰裹：如擰毛巾，是收、吞，第一勁，所以先蓄後放，蓄足了才能放，有手揮琵琶、打虎勢等式。

2.鑽翻：如犁地、鑽洞、蛙泳，外開的勁，如高探馬。

3.螺旋：指單手，單手比雙手遠、長。進出螺旋力，如擰螺絲，前進、後退都要有，想像拿改錐擰螺絲，向對方喉頭、膻中、丹田擰過去，退出來。

4.崩炸：像地雷爆炸、炸山開礦，四周出去，擠勁就帶這種橫炸力，如白鶴亮翅。

5.驚彈：肘發屬驚彈，擠勁也是，是突然發出的彈簧勁。

6.抖擻：是鞭子勁、盪勁，啄勁也是。

（2014年）

談「平勁」

　　當年高占魁老師常常給我講平勁，他發得很漂亮。什麼是平勁？平勁是水平的勁，是一種威脅力很大的內勁，勁整，摧根，像推土機的鏟勁。

　　如果將自身作為一個球，球中有一「十」字，「十」字四端為梢，要求這個「十」字的水平線要平，垂直線不能傾斜，帶著身體平移，水平線平移。這是身形，無論手勢怎麼變，身形要平，水平前移。

　　平勁關鍵在於內氣平移，注意身形，要求肩平、胯平，眼神還要平視（下頜收，不低頭）。

　　平勁還有虛平、實平之分。實平在形體，虛平在意氣。

（2015 年）

談「截勁」「沾黏勁」和「空勁」

太極拳應敵有三種勁，即截勁、沾黏勁和空勁。

截勁是對方勁尚未發出，我將其堵住，使他發不出來，返回足跟跳出去；當對方已發一半（或部分），我則引進使其落空，即**沾黏勁**；若對方已將勁發出來，我則需回避，使他打不著，落空，即為**空勁**。空勁最難，也最神奇、最漂亮，是高級境界。

年輕人可以練點截勁，對提高靈敏度、掌握時機都有好處，但易傷身體，年逾六十就應少練，年過七十建議不要練了，以免傷身。

沾黏勁是太極拳特有的，說手主要說沾黏勁，像釣魚上鈎那種感覺。

（2015年）

談「擠勁」

牛春明的擠勁很好，他的徒弟朱國榮從小就跟他學，師母也很喜歡朱國榮。1961年，我從蘇聯留學回來，牛老師不在了，我就跟國榮學，他的擠勁有牛老師的味道，挺純的，我們常常一起探討。

我把擠勁分解成四個動作，即擠、捲、抹、合，一是用左手擠右腕，想像中間有個氣球，要擠破它。這時轉換成「捲」，從左手掌，經背，返回到右臂，然後右小臂「捲」出，這個「捲」是個橫勁，是關鍵。

其要領是捲時小臂上側尺骨定住不動，只捲下側橈骨，上邊一動就散了，什麼也沒有了。捲時右手內勁也返回到左手，體內勁下沉到丹田，就全體合住了，所以全過程為擠→捲→抹→合。

抹時開，接著合住，關鍵是捲，橫勁是一種彈簧勁，像皮球打到牆上彈回來，又如錢投鼓，一拳打來，要將它彈回去，它來的是磚頭，那我是有彈性的鼓面，所以說開合一定間；按時把開勁化來，一合就把它發出去了。擠勁是借力發人，太極全憑能借力。

（2015年）

談「提勁」

提勁是太極拳中的重要勁法，拳式中有提手上勢，手上提是外形，主要在於內，內怎麼提？是往上沾起，是沾的一種，所以拳譜上講，沾是「提上拔高之謂也」。此時右手上提，左手含掤勁，右腳腳掌往後踏，此時右腳腳掌的勁由腳經腰背過夾脊、肩井直達右手掌指，體內感覺提襠開胯，虛靈頂勁，有似尿非尿、似笑非笑的奇妙感覺，全身氣勢騰挪，空虛飄逸，周身舒暢，這時，右腳腳掌後拖是關鍵，提勁才算找到了感覺。

提勁對不對，也可以在推手中衡量。過去講「提打」是技擊七十二打法中第一打法，也說明了提打的重要性。對方一拳打來，我在接手一瞬間沾住對方，將對方腳跟拔起，這就說明提勁對了；如果提不起對方腳跟，那就沒有提對。牛春明善用提擠，一提一擠，能將人發出丈外。對方只要一伸手，想回是回不去的，回勁被截斷，進退不得，不知不覺已被擲出丈外。

（2015年）

談「肘勁」

　　肘勁是太極拳的重要勁法，在《宋氏家傳太極譜》中就有專門談肘法的部分，世界各種優秀拳術中也都十分重視肘法、肘勁。如泰拳、詠春等，都以肘為主要攻法，凶悍威猛，特別在近身攻防中，尤為突出。

　　太極八法（和八勁）中，肘靠要融入掤、捋、擠、按、採、挒六法的勁，它們是基礎。也就是說，六法中必須以肘靠為根基，為後援，沒練好肘靠勁，其他六勁也好不到哪兒去。

　　肘法有明肘、暗肘（陰、陽）、立肘、橫肘等，還有開花肘、頂心肘……無論是什麼肘法，內在都是肘勁。

　　那什麼是肘勁？

　　肘勁是如錘子釘釘子的勁，過去的說法是用錐子鑿磨盤的勁。肘關節分前後，前面小臂是釘子，決定方向，後面大臂是錘子，用錘子擊打小臂末端（肘端），而起到鑿磨盤、釘釘子的作用，即為肘勁。

　　要練好肘勁，關鍵是前端（小臂）要鬆，才能準，

才能打到對方腳跟，才能借力。肘勁一般很難練成，許多人發肘勁時大臂一出擊，小臂就硬了，與大臂分不開。

肘勁還有一大用處，就是「化」——肘化一大片。今天這一點幾乎已經無人知曉，無人會用，當年老師也作為傳徒秘要，一般不說明，徒弟也多當耳邊風。其實肘化學到後，什麼大力也不能侵襲到你了，一定要記住！

「肘化一大片」是秘訣，不外傳。

（2016年）

談「頂匾丟抗」與「沾黏連隨」

　　沾黏連隨是太極拳的特色勁，而頂匾丟抗是病，「頂」和「抗」也不同，頂是你來我去，你往前我也往前；抗是我反抗，不讓進，阻止的意思。

　　其實二者區別在於主動與被動，沾黏連隨是被動，是隨人所動，不即不離，要被動，不主動，一主動就丟，所以拳譜上講「等待於人」，等人家動我隨之動，要等待。

　　而頂匾丟抗是主動，你來我就出擊，用力頂住。所以是病，這時「既不知己，焉能知人」？

　　從知覺運動來看，運動是由知覺而生，氣血運行時有些人就有感覺，叫運覺；動了就知道了，叫動知；不運不覺，不動不知。運極則為動，覺感則為知，動知人人都曉，運覺少有人能感覺，所以先要求運覺，這就是知己，知己是由自己內心感悟的活動。

（2013年）

談「提」與「按」

　　「提手上勢」中主要是提勁，提勁實際在腳上，在步上，前腳掌後拉產生提勁，後腳前蹬是按勁，所以，**提、按，實質上是步法上的蹬（前蹬）與後踏**。按是從後向前，如同推土機的「推」，往底下塞進去；而提勁如同吊車的上提，虛靈頂勁，往上吊。

　　提與按是一對勁，提是往上、往後，在上，輕靈；推按往下、往前，正好與提是一對。太極以輕靈為貴，因此必須學好提勁。

　　在形意拳中是踐步，有後蹬和前踏之分。前踏，重心在前，是秘傳，在太極中常用。提手上勢須專練，但很少有人能打出此勁。

（2014 年）

楊家的冷斷勁與點、斷、拍

　　有人說楊家的冷斷勁非常厲害，可惜現今已經失傳，其實不然，汪脈的汪永泉，自七歲隨父親在楊家學拳，與楊少侯是幼時夥伴，因此，他的冷斷勁十分驚世，他十分愛用點、斷、拍，就是冷斷勁。下面談談我所知道的一些內涵和見聞。

　　點、斷、拍是三個勁串在一起，融為一個。首先是**點**，接手時要接點不接面，由面瞬間變出點來。發點勁只在手上，有「點勁不過腕」的練法。點又有虛點、實點之分；當點到對方勁源時，要沾起即時斷開，這就是**斷**。斷時對方會有落入萬丈深淵的驚恐感，自感根基動搖，被連根拔起，此時一**拍**，人飛出丈遠。

　　當時汪永泉傳給朱懷元，後來余桐和從朱老師那裏學會了，學得很好，朱老師告誡他不要常用，否則不但傷人，而且傷己。余桐和特別喜歡點、斷、拍，他要一拍，真有點嚇人。拍時要由勞宮穴發，發出的掌勁又叫「掌心雷」。點除點斷外，還有斷移、斷吸、斷離等許多內涵。點、斷、拍變化多端，又極精微。

（2013年）

談「點勁」

汪脈有「學會點斷是真傳」之說。

點勁不過腕,六合乾坤掌中找。

虛點不過腕,實點一貫串。

點有聽、問、落、發、錯之分。

聽點:一接點中求,要點不要面,為了聽對方。

問點:對方不給,就在原來的點周圍找一點,為問。

落點:問到對方勁源,此為落點,是實點。

發點:掌握了勁源就要發,此為發點。見實不發,何日是體全?但要根據對方而定,對方未發時為截,已發一半要沾,全發了要使之落空。

錯點:對方來力,順其勢,一採錯,採後錯打,打擦皮勁。一般遇到力、遇到頂只要一錯。

（2011 年）

如何找「點」

　　汪脈講究揉手（推手）時接點不接面，怎麼找到這個「點」？要接哪個「點」？這是重要問題。

　　這個點要在接觸點的周圍一圈中找，具體哪個點最合適，要它自己出來，不要主觀去找，應該是在揉手中自然而然的、無意識的隨順中出來的那個點。

　　要是主動去找，找出的就不對。無意之中出來的才是對的！所以說，「有心有意皆是假，無意之中是真意」，想找而又不刻意找時就找到了。

（2012年）

「點」在哪兒

　　推手時，要打點丟掉面，因為「面碰面，兩不便」，誰也影響不了誰的腳跟，因此要找到一個合適的點。那麼點在哪兒？

　　一碰就有點，有很多點，對方兩掌按來，兩個掌上都有點，甚至一個掌上，掌根、指端等都是接觸點，但其中一定有一個是重點，這個點你千萬不要去碰，一碰就成了「頂」，要在這個點的附近找一個，找一個我舒服他「背」的點。

　　其實不用找，越找越不對，僅僅是我一鬆，順其自然，出來一個點，就是我們說的那個點。外動隨人、內動由己，我僅一鬆一整（定）而已，那個點就出來了。

（2013年）

點、斷、拍要義

點：信手拈來，隨心所欲。

斷：如落深淵，雲端踏空。

拍：如雷霆萬鈞，截其勁路。

（2013年）

談「拍勁」

汪永泉的點、斷、拍是一絕，一接手輕輕一拍對方就飛出去了，跟拍皮球一樣，但很少有人學得會。汪老師說，先要學好點斷，要學點斷，先要會點，點又有實點、虛點之分，「虛點不過腕」「實點一貫串」，就這樣講，天天教也教不會，很難！好的真東西看似簡單，實際上難得很，不僅要你好好練，還要有悟性。真是明師難找，功夫更難練！

以拍皮球來說，放在地上的皮球是很難拍起來的，先要拿起來。對戰時把對方看作皮球，但是他在地上，因此首先要「拿起來」，這就是點斷，一點一斷對方就起來了，這時才能拍。點不上，斷不開，就拿不起，就拍不出。點上有講究，要斷開，有方法，然後才學拍。

點有點吸、點引、點斷、點移，所謂「一接點中求」。拍是發放，用拳法，用勞宮穴，是掌心雷，靠的是意氣，不是力量。

養生要和氣，心平氣和；技擊講合氣，要意氣相合。

（2013年）

斷拍與拍斷不同

　　斷時一空就發叫斷拍，如先點一下，引出對方的勁，使之一空，再發，叫點、斷、拍。

　　拍時拍到對方根，對方自然會跳出，但若沒到腳跟，要立即斷開重來，叫拍斷，一拍就斷，不然會受滯。

（2015年）

談「發放點」

　　推手時要點不要面，這個點怎麼找？在什麼地方，怎麼形成的呢？

　　老師常跟我們說「接點不接面，接面兩不便」，「打點丟掉面」。

　　點是自然形成的，不是去找出來的，找出來的肯定不行，發不出人。確切地講是鬆出來的，在鬆隨的運行過程中，自然而然出現了接觸點，這就是我們要的那個點。只要把內勁從這個點順出去（不能用力頂出去），擦著皮出去或合出去，用意與氣合出去，就能將對方發出。此時注意力由脊發，要含胸拔背，否則就發不出太極勁來。

（2013年）

「點」與「啄」

　　「點」與「啄」不同，點勁不過腕，啄勁一貫串，「啄」是點腕、肘、肩一貫串通，就是常說的肩催肘，肘催腕，一直到指尖的一貫串。

（2015年）

陸 身法篇

太極拳請保護你脆弱的膝蓋

　　現在常常聽說有人練太極拳把膝蓋骨練壞了，我認為這是不正確的太極拳練法所致，即身體的重心太低、片面強調下蹲等造成的。

　　我所知道的傳統太極拳不主張下蹲，**傳統的練法是**：不蹲，虛實轉換時，在重心不移動的情況下，就在實腳轉動。從醫學觀點看，這樣可以增強股四頭肌的力量，有利於防止膝關節損傷，穩定膝關節。

　　損壞半月板和韌帶的原因是下蹲，大步三七開（雙重）。

　　保護動作，鍛鍊股四頭肌。

　　1. 三虛包一實，實腳轉換。提手，白鶴亮翅。

　　2. 勾腳尖。金雞獨立（提膝），十字蹬腳。

　　3. 騰挪，將起未起，跟步，手揮琵琶，跟步，搬攔捶等。

　　4. 手帶身，以手帶身兩翅搖，飛上青天任逍遙。

（2015年）

虛靈頂勁與氣沉丹田

　　李時珍在《奇經八脈考》中說：「鹿運尾閭，能通督脈；龜納鼻息，能通任脈，故兩物皆長壽。」

　　太極拳中的虛靈頂勁是腎水上提，氣沉丹田是通任脈，為心火下降，是小周天，可打通任督二脈。

（2013年）

談「身隨步自換」和「梢領」

太極拳老拳譜中講「身隨步自換」「身形手勢出自然」，這還是講的以梢領的意思。

太極拳強調四梢有引領作用，楊禹廷強調打拳如毛驢拉磨，指以手引領。「以手帶身兩翅搖」，以手帶身如大雁高飛，雄鷹飛翔。明代的俞大猷說：「以步帶身水上漂」，講的是以步帶身，達到身隨步自換，而「身形手勢出自然」，是由步、由腳自然而起引帶出來的。

身隨步自換是說身體隨著步子的變化而變，強調了以步帶身的基本原則。嚴格地說也是以梢帶身。就是說以手帶也行，以步（腳）帶也行。手帶時如雄鷹高翔，以步帶身水上漂。

我鬆透了，在接觸點上不給對方支點，沒有點，對方就出不了力，只能打自己，這就是借力。

（2012年）

步隨身換，身由步帶

　　拳論中講「步隨身換」，強調「換」字，步是隨身換，而身是隨步行的，前進、後退先出步，由步帶前行，因此以步帶身水上漂，以步帶身任逍遙。

　　太極拳講究的是梢帶，四梢即手和腳，所以是以手帶身，以腳帶身，才能輕靈，才能隨人所動，才能空。

　　腰轉動了，步子需順過來；步動了，整個身子也隨之而動。邁步如貓行，用的是意領腳尖，身由步帶而前行，所以說**步隨身換，強調的是「換」，是轉運，不是用腰力**（肘底看捶前的轉步）。

（2016年）

談談太極拳對肩、腰、胯、膝的要求

　　練好太極拳，身法是第一位的。首先當然是虛靈頂勁，其次是氣沉丹田，接下來就必須練肩、腰、胯、膝。

　　對它們的要求概述如下。

　　1.肩：肩不開胯不開，洗三到節三。

　　2.腰：活腰。

　　3.胯：坐胯。

　　4.膝：蹤膝。

　　開肩、活腰、坐胯、蹤膝。

（2016年）

談「肩、肘、腕」

　　我們說肩靠、肘發、腕點。

　　靠勁在肩，是身形，整勁，但更重要的是順發、順我，身形順我自伸舒，在於「伸舒」，由玉女穿梭使出來，拿死對方的肩⋯⋯

　　肘勁是手勢，手動身不動，是釘釘子的勁。

　　腕發在點。點勁不過腕，小巧玲瓏，極其精細，變化無常，快而短。

　　螺旋勁，要一隻手定位，另一隻手旋，兩手同時旋轉也行。

　　練拳的人，想練好拳的人，必須做到下面兩點：

　　1. 要明白無誤地知道動的是腕、肘、肩的哪個部位。

　　2. 要自由靈活而精確地控制自己腕、肘、肩的運動。

（2016年）

開關節與分勁

關節要拉開，關節的前後部分須分清。以肩、肘、腕來說，肩關節後部在背上，肩下沉，背一拔，就分開了，再由肩胛骨發勁，所以說力由脊發，這就是開肩、沉肩。而肘勁是肘下沉，由大臂末端點發勁，韌帶前端的肘與小臂連的那端要鬆隨，是釘子後端。大臂末端的肘是錘子，錘釘子發肘勁。

坐腕時，小臂末端是發勁點，前端是掌根（中間是韌帶連接）。

原則是前半部是鬆的，好像是殘疾人，發肩勁時，是「無臂將軍」，發肘勁時是無小臂的「半臂人」，發腕勁時是無手、無掌的人。

這是分勁的關鍵，能分關節就能分勁，能「接手分清敵和我，彼此之勁不混合」。

（2013年）

鬆腰胯的實質是活腰沉胯

　　鬆腰胯是鬆腰和鬆胯兩個動作。這兩個動作是不同的：鬆腰是在活腰，要求能自由轉，毛驢拉磨式的轉動，要活腰，不要用力把腰卡死。鬆胯是坐胯，下鬆，大腿根內凹（內吸），臀下坐，俗話叫坐屁股，好像坐在高凳子上，是往下沉的動作。所以鬆腰是活腰上拔，是轉動；鬆胯是坐腰，是下沉，不能混為一談。

　　練法如下：

　　鬆腰是放鬆腰部，左右轉動，但意念上是毛驢拉著轉，不主動，是頂勁往上拉開，手帶著轉，形成手帶腰，所以要用意不用力。

　　鬆胯是練屁股坐高凳，要尾閭插地，似乎有尾巴形成的第三個支點，兩隻腳加一條尾巴。大腿根一吸，尾閭下插。坐胯可以單練一側，如手揮琵琶式，手放下，單練坐步；摟膝拗步，手不動，單練弓步。這都是很好的單側練法，可以交替練習兩側的胯。

　　坐胯練的是一側的鬆胯，既有效又實用。練習時注意胯要正、要疊，不要斜。

（2011 年）

「開肩」與「開胯」

　　高占魁老師有句名言：「肩不開、胯不開，洗三到節三。」意思是肩不開、胯不開，一輩子也練不出太極勁。老師在時當耳邊風，三十多年過去了，今天我才體會到老師的苦口婆心：肩胯不開，不會借力發人，當然練不出太極勁。

　　開肩胯是借力的基礎、基本功、基本身法要點。那如何練呢？

　　首先，要擺好姿勢，站樁、調整，要有明師——明白的老師幫你調。

　　其次，在動態中保持住。

　　下面以摟膝和倒攆猴為例：摟膝是開肩前順，如自由式游泳，以手帶身往前伸，此時肩是開的，肩窩是內吸的；而倒攆猴時是開胯，以腳帶身後退時，胯眼（根）內吸。

　　掤和捋也是同樣的道理，掤是開肩上伸，捋是吸胯後退，不能挺胸，一挺胸肩胯就散了、丟了。而在擠、按時，也都同時保持肩、胯開著，呈弓背狀，肩眼、胯

眼內吸，想像有水流進去，肩脫下來，胯吸進去，形成吊襠、開襠的感覺。

在運行過程中，有尾閭插地和前托起的變換過程，這些變化只有細細體會才能找到。所以太極拳是極其細微、精微的一種內在運動。

要學好太極拳，必須去找「內」，自身體內的變化，感覺由覺而感、而悟，要由視覺到身體感覺，進而到體內感覺；體內有感覺才能有所悟，練的全是自己體內的運行。

（2014年）

談「肩不開、胯不開，洗三到節三」

這是高占魁老師當年的口頭禪，那時不懂，現在感到太重要了。

給大家談談現在的感悟，簡單談三點。

1. 肩開、胯開是太極拳入門的基本要求。提肩抬肘的人是練不好太極拳的。

2. 肩開、胯開是太極拳發勁的重要方法（肘、靠的要領），是借力發人的關鍵，肩鬆開就能發人。

3. 肩開、胯開是打通氣脈的要點。肩不拉開，氣在肩部通不過，會憋住，做不到形於手指。

太極全憑能借力，怎麼借？把肩鬆開了就能借。肩打開了，就能含胸拔背，就能力由脊發，所以能借力。

（2014年）

每個關節要分陰陽

要練好發勁，一定要每個關節分陰陽，一個關節就是一個太極，前端為陰，後端為陽。比如說發肘勁，肘關節前端，連接小臂這一端要鬆，為陰，連接上臂一這端就是陽，是剛勁，所以發肘勁如釘釘子，小臂是釘子，小臂後端的肘是釘子後的圓帽，而錘子是肘，連接上臂的一端是打擊點。

如果肘前後端分不開，沒有陰陽，沒有鬆緊，沒有剛柔，那就發不出肘勁。

同樣道理，指、腕、肩關節，腳、膝、胯關節都要能分陰陽。想一想，用意念就能分清，就能掌控，那就會發勁了，會分勁了。分勁是把勁在關節兩頭分開。

⊙合住按，一按就有。

⊙點，用指。

⊙展、攤開即成功。

（2016年）

分清轉腰開襠與夾襠的不同

　　腰要活，轉動靈活是練好太極拳的關鍵，所以，古譜中要求「活潑於腰」，這一點在十六關要論中排在第一位。

　　夾襠是毛病，太極拳要求開襠、圓襠，在動作上提吸氣時還要微微提襠、吊襠。但轉腰時一般都會伴隨著夾襠的動作，而且往往自己不知道，因此打拳時要特別注意，別夾襠。

　　檢查方法：

　　坐在凳子上轉腰，做到腰轉襠不夾，然後打雲手和摟膝，看自己是不是能做到轉腰不夾襠。

（2015年）

詳解「開襠」

三虛包一實的兩個重要作用

　　太極拳要求虛實分明，每一個動作的終點都要有落點，落點時氣沉丹田，重心完全落在一隻腳上，形成三虛包一實，即兩手和一腳三個梢都是虛的，只有一隻腳是實的。此時重量全落在實腳，大腿前端股四頭肌是著力的，可保護膝蓋半月板，環跳穴也有緊、酸的感覺。

　　老年人因股骨頭關節血流不暢，易壞死，因此按三虛包一實的方式練太極拳可防股骨頭壞死。

　　三虛包一實不僅是太極拳內動的主要功法之一，也是抗衰老的關鍵要領之一。打拳必須虛實分明，「無過不及」，沒有達到三虛包一實就是不及。太極拳大師郝少如在其晚年著作中，專門談了三虛包一實；孫祿堂的孫式太極拳中，要求跟步；楊禹廷在兩腳虛實變換中要求做加減法，一腳從五加到十，另一腳從五減到零，練的也是虛實分清；朱懷元要求我們腳踩荷葉……這些都是強調必須虛實分清，實就實，虛就虛。三七開只是定步推手的一個（準備）定式，打拳不能到三七就停了。

（2013年）

談「身法」「步法」與「手法」

要練好太極拳，重要的是身法、步法和手法。

身法是第一位的，要求兩個字——中正。

步法透過站樁來練，由單式、定式來糾正。步法要求的是虛實分清，要由動的過程來找，找三虛包一實，打拳時要有落點，在起落中求。

手法的要領是手帶腰，手帶身，要以手帶身兩翅搖。學毛驢拉磨，要兩手春風拂楊柳，做到活腰，才能進入用意不用力的狀態。

（2012年）

太極拳步法的關鍵

　　拳術講究身法、步法和手法，在太極拳中，身法求中正，步法講虛實，而手法強調要以手運身，手帶身，功夫上手。

　　這裏著重談談步法。一般步法講得比較表面化，如川字步（點式），不丁不八步，一般都講外形，講得深入的較少，因為過去說「教拳不教步，教步打師傅」，可見步法的重要。

　　新中國成立後，很多老師開始詳細教步法，如武式太極拳的郝少如大師，要求三虛包一實，一腳實另外一隻腳虛，大虛大實，虛實分明；楊禹廷講踩蹺蹺板，起始時做加減法，重心在中間時是五五開，然後一腳五、六、七、八、九、十，全實了，而另一腳是減法，五、四、三、二、一、零，完全虛了；朱懷元老師要我們腳踩荷葉，也是一虛一實。心意拳中講的是盤雞腿，「兩腳有前後，不如兩腿合一腿」，都說明了大虛大實的重要性。

（2013年）

步法的跟步

步法中的跟步又叫墊步，是發勁的根本，特別有講究。

第一，發勁是在將起未起、將落未落時實現的，在轉換中實現的（**虛實轉換須留意**）。

第二，跟步有兩種，一種是蹬步，後腳用力蹬出；另一種是拖步，前腳往後拉，用前腳掌把人拉上去。外家拳用蹬步多，而太極拳用拖步多，如提手上勢是前腳掌拉，摟膝拗步變手揮琵琶也應是拖上去的。我們平時生活中，跑步是蹬力，而拉車（**拉黃包車**）是前腳用力，拉得快又輕鬆！

（2014年）

走架要點

　　走架要走活了，走合了，要鬆著走。換句話說，打拳要輕柔（隨），輕靈活潑，不能散了；或者說，打拳要「吊兒郎當」，但又不散架，似乎手腳處處有皮筋連著，所以說像在水中游泳，感到空氣阻力、水的阻力就對了。能鬆到手上，像毛驢拉著磨動，就不散、不滯。

　　走架活的要點是輕柔。

　　走合了是指不散，鬆了還不能散，怎麼辦？要整，又鬆，但這時是合的、整的，意氣相合的，此時不是兩手合住、用力，而是意氣合住。

　　所謂鬆上手是指功夫上手，手帶腰，大雁飛翔、雄鷹展翅。雄鷹展翅絕對不用腰勁，腰用力是麻雀跳。

　　拳練什麼？一學鬆隨，二練節節貫串（通），三要意氣相合。

　　意氣相合是最難體會的，可從掤（漲）、挒（吞）、擠（彈）、按（抹）中體會，找水的阻力。

（2013年）

談「舉」與「挺」

　　我們常說「舉手」和「挺身」，舉手不用力，挺身用力，所以又說力挺。

　　太極拳用意不用力，所以崇尚舉。要求「舉動輕靈神內斂，莫教斷續一氣研」。仔細體會一下「舉」字，「舉動輕靈」就是說不論「舉手」或「舉步」，都要輕，要靈。

　　輕是動作、意念都要輕，而且要靈活，精神內斂，這是手帶身，所以說「以手帶身兩翅搖」，像大雁起飛，雄鷹展翅，不能腰用力！腰一用力，違反了用意不用力的要求、原則。

　　腰用力叫挺，是頂勁，是力氣。腳可以蹬，用腳帶身，但最好還是舉步輕靈，變成了邁步如貓行，那是前腳「領」。

　　太極拳要的是舉、領，**千萬不要力挺**。

　　空──一空勁端，二空勁源。

　　憋揉──憋住後不放，要揉它，畫圈。

　　螺旋──擰麻花的過程。

打縫——打對方的空隙。

　　接手——分肘接、肩接、胯接（即肘圈、肩圈、胯圈）。

　　漂——打拳要打出漂的感覺來，好像在水上漂，兩手放在浮於水面的木板上、游泳圈上，這才鬆開了……過去大師們說，打拳要打到漂到水面上去，可是有人就是使勁下沉、下蹲。

（2013年）

談談「又推又拉」「似推似拉」

推與拉不同，一般習慣推、按，而拉用得很少，其實拉也很重要，但要正確理解。

拉不是兩手拉，身子墜，而是學拉黃包車前行，要虛靈頂勁，身體騰起，手上還有推意，又推又拉，似推似拉，這樣才輕靈不頂，才能順出去。「要借力，學拉車」，兩手上提，力到脊背兩腳虛騰，就可發放。

此勁十分重要，也很有實用價值，只是難學，須長期練，因此，我把它放進起式。

在肘化上與白猿獻果之間，即為拉車勁，都在有無之間，白猿獻果是有，肘化一大片，化是無，在有無之間出現了似推似拉、似有似無的感覺，這是真正的太極勁，關鍵在頭頂，虛虛一領。

（2013年）

外力來時「伸懶腰」
——論「力由脊發」

　　人累了，不知不覺會伸個懶腰，所以說「伸懶腰」是內氣通暢引起的外動，是以氣運身的自然過程，也是太極拳運動的要求，是太極勁發人的過程。因此，要學發勁，就要研究「伸懶腰」的過程。

　　點、斷、拍的技法，就是伸了個懶腰，關鍵在頭頂、背後靠、手前伸的過程。伸時力要順出去，不知不覺就把人發遠了。

（2013年）

談「五趾抓地上彎弓」

　　「五趾抓地上彎弓」是太極拳重要的基本功法和要求，練習之前要仔細研究一下怎麼五趾抓地、如何上彎弓及它們間的相互關係。

　　一般問題出在只談五趾抓地，忘了上彎弓，這樣就抓死了，成了沉入水底的磨盤，漂不起來，拳練死了，這是其一。

　　其二，怎麼抓地，如何上彎弓？抓地要一個趾頭一個趾頭地抓，從小腳趾到大腳趾，再從大腳趾到小腳趾，節節貫串地抓，轉著圈轉到湧泉再一吸一空，沿著腳、腿上去，直到夾脊、百會，這時才是上彎弓。上去了，就達到了「勁起於腳跟，發於脊背，形於手指」，這叫通了，路路都通，隨便到哪個點都通，就自由自在了，順暢了，就能發放。

（2013年）

談「腰為主宰」

「主宰於腰」源自於張三豐的《太極拳論》。第一句講「一舉動，周身俱要輕靈，尤須貫串」；第二句講「氣宜鼓盪，神宜內斂，無使有凹凸處，無使有斷續處」；而第三句就是「其根在腳，發於腿，主宰於腰，形於手指，由腳而腿而腰，總須完整一氣」……最後強調「凡此皆是意，不在外面」。

在談「主宰於腰」時，避開最後強調的「凡此皆是意，不在外面」去談是談不清的，現在一般都從「外」去談，而不在「意」上用心體會，就錯了。

我認為，「主宰於腰」是強調腰的重要，但重要不等於腰用力，腰用力就錯了。

《十六關要論》中第一句就是「活潑於腰」，說得很清楚，是活腰，一用力，腰就死了，就變外家拳了，就大力勝小力了，永遠練不出四兩撥千斤、借力發人，所以誤導了很多人。

劉晚蒼老師說「腰是軸」，也說得很明白，是軸，車軸，滾珠卡死了，就壞了；楊禹廷老先生講「毛

驢拉磨」；吳圖南強調「手帶腰，外帶內」；朱懷元教我「手帶」「功夫上手」，都是強調用意、活腰。

拳論上說「腰為主宰」，那麼先要知道什麼叫「主宰」。主宰應理解為「關鍵」，起決定作用。也就是說，拳練得好壞，關鍵在腰，腰起決定作用。

但這句話並沒有說怎麼用腰和對腰的要求，在其他地方講了，比如《十六關要論》中講，第一位就是「活潑於腰」，腰要活，「活似車輪」；另外的提法是腰要「頂」，「身形腰頂豈可無，缺一何必費功夫」，「腰頂」是指腰往上拉開，對拉拔長，好像自由運轉的指南針的頂針。

但很多人卻錯誤地認為是腰用力，其實，腰一用力就死了，僵了，不活了，越練力越大，與太極拳的基本要求背道而馳。

所以，楊禹廷、吳圖南都強調要以外帶內，以手帶腰，像毛驢拉磨，自己是磨，不要將自己當毛驢。

（2011 年）

再談「腰為主宰」

　　所有的武術都重視腰，一切外家拳都要求用腰發力、用腰勁，而太極拳也重視腰，強調腰為主宰。什麼叫「主宰」？現代話說是主要的、關鍵的，是決定性的，但太極拳沒有講用腰發力、用腰發勁。常人用外家拳的思路去理解，「主宰」就是要用腰勁，其實錯了。

　　所有的中外拳術，都是大力勝小力，要打沙袋，練力量，而太極拳是要你不用力，因此，太極拳腰為主宰是要練腰不用力。

　　「腰為主宰」強調了腰的重要性，但是要你腰不用力，要求「活潑於腰」，練的是活腰，注意，是活腰！腰要活，一用力就僵了，就死了，所以強調鬆腰胯。現在一般習武的人，一打拳，一推手，就強調用腰帶，所以練不出太極勁。當年吳圖南教徒弟，要求手帶腰，強調以手帶身；楊禹廷說要毛驢拉磨；汪永泉強調功夫上手，說的都是一碼事。要練出太極勁，就要「以手帶身兩翅搖」，像大雁升空，像雄鷹展翅在天空翱翔。

（2011 年）

柒 推手篇

推手練習的第一要義
——隨人所動

　　年輕時學推手，總想戰勝別人，想盡辦法，學很多招，還想偷襲，突然一下把人打倒——其實全錯了，推手練的是隨人所動，《五字訣》中首先說「一曰心靜，心不靜則不專」，要專心一致幹什麼？就是要隨人所動。「如此做去，一年半載便能施於身。久之，則人為我制，我不為人制矣。」近代太極大師楊禹廷說要「三不」：不主動，不亂動，不妄動。就是這第一訣的意思。

　　其實王宗岳《太極拳論》中最後總結時懇切地忠告後學，本是「捨己從人」，多誤「捨近求遠」，所以說「差之毫釐，謬之千里」，學者不可不詳辨焉！

　　明確地說，太極拳本是捨己從人，但大多數人都走錯了路，走錯了方向，譬如說從北京去上海，他卻去了哈爾濱，不但走遠了，可能都走不回來了。捨己從人就要隨人所動，練鬆隨，練內氣，練不用力。但大多數人練力，主動出擊，練招法，練外力，沒內氣，一輩子也練不出來。

（2015年）

看詠春推手有感

今天見到詠春推手，再一次感到與太極有許多共同之處。

太極以養生為主，而詠春講究實戰，但詠春也是內家拳，佛山彭南老師曾講：「北有太極，南有詠春。」過去我認為二者是不同的，近些年越來越感到二者相似之處太多，現在我信了，二者是同出一脈。

1. 起式。開腳，與太極拳中要求實腳轉是一致的。

2. 用法。太極也常用小臂，詠春許多動作與太極中的摟膝、雲手、單鞭相似。

3. 講究肘勁。

4. 李小龍的截勁與太極相同，太極還有沾黏勁和空勁，截勁只是其中之一。

（2016年）

汪永泉推手特點

　　空勁，有空勁端和空勁源之分。空的過程是「一空勁端，二空勁源」。空勁端，掌心含球一傾，然後沾住吞吸，勁端不空而空，把對方的勁源吸出來。

　　拍有斷拍（點斷拍）和拍斷之分，拍斷是拍後往上空、往前送，往左右就成了撣勁。

　　發勁先空、蓄，也可以逼住，採用逼住後揉搓。此為太極挫結、揉空之法，所以說「有挫空、挫結，有揉空、揉結之辨」，須仔細研究。

（2011 年）

汪脈的大扇面與小扇面

以折疊扇打開、合攏來比喻開合時，若以肩為軸心，稱大扇面（如玉女穿梭，化單臂拉磨，磨豆腐）；若以腕為中心，則稱小扇面。

此為汪永泉獨有的技法。

小扇面的要點如下：

1. 手掌鬆，活腕。

2. 小臂、大臂不動。

3. 出的是腕勁（在腕後端）。

大扇面要點如下：

1. 肘不動。

2. 肩活，如火車曲軸搖動。同理，可以肘、腰為扇心，以肘為扇心是折疊勁，以腰為扇心，解決頂的問題。

（2012年）

談推手的「截、錯、引」

擦皮勁

　　推手時，兩人一接手就要根據實際情況採取三種方法，即「截」「錯」和「引」。

　　一接手，對方力未出，就要截，堵截，自己一定、一整，形成後發先至，把他將出的勁返還到他自己身上。就好像我在碉堡前持槍瞄著，敵人出來一個打一個，讓他出不來，堵死他。

　　如果對方力已出來，我用錯法，打擦皮勁，即接皮不接骨，對方的力就返回去了，我的手只接觸對方的皮。

　　如果對方的力沒有完全出來，出了一半，我就引，隨人所動，用肘勁把他的力卸了，引進落空。此時我要鬆透，才能使對方落空，我若手上有力，自己就會被堵上了。所以一定要鬆透，一點力也不讓對方摸著，對方想「撈稻草」也不讓他撈。

　　總之，空還是主要的，空後既可錯，也可截，所以要「接手四梢空」，這是基本原則。

（2013年）

「動中求靜」是太極拳養生和技擊的靈魂

　　拳譜中說：「動中求靜靜猶動，因敵變化示神奇。」說明太極拳技擊的神奇是由「動中求靜」中求得的。記得朱春煊對我說過一件事，20世紀50年代，一個老頭子來拳場看了兩天，過了一週又來了，說：「看了北京各拳場都是動，沒有靜。」當時不知道老頭子說什麼，如果現在見了他一定要拜他為師！

　　打拳一定要動中求靜，不僅是為了養生，而且是技擊功夫練法的關鍵。先於每一式終止找「落點」──「靜」，靜中觸動完成變換，然後找出兩個點、四個點……直到整個運行過程處處是點，連成一線成為運行路線，此線路任何一處都可成為「靜點」，此時就「合」了，意氣相合了，內外相合了，換句話說就是勁整了，就能「因敵變化示神奇」了，所以朱懷元老師說：「動中求靜是萬能。」

　　動中求靜，實質是求內動，會動中求靜才有了內，才能內外合一。

「動中求靜靜猶動。」外形看來是靜下來了，是不動了，靜了，但內動產生了，就有了「靜猶動」。靜是指外形的不動，「靜猶動」是指身體內還在動，達到的結果是「因敵變化示神奇」，根據敵人的變化，表現出技擊的神奇效果。

　　在每個動作的轉換中表現得最明顯的，是太極圖中的S線，是陰陽的轉換，是動靜的轉換。

（2013年）

「中定」與「逼住揉」

　　我中定，他也中定，就頂上了，沒有空隙就逼住了，逼住了不能退，怎麼辦？要揉，實際上是「橫」著走，直來橫去，繞著走，就變成揉了，所以叫「逼住揉」，然後再斷發！

　　楊班侯內傳九訣中講「定在有隙」，沒有縫隙，斷不開，就定不了，所以要學會未接先定。

（2015年）

談太極拳的「拿」與「放」

太極拳的拿，是拿對方的中，不是擒拿，不是拿關節。拿中是拿住整個人，拿了就放，放出去，放遠了！首先要明確，這不是局部拿，不是擒拿。

拿中只是一瞬間，拿住就放，但如果不放，要死死拿住，使對方不得動彈。就是說，你要使對方不能動，實際上是能跟上對方的變化，不留縫隙，對方就跑不了，千萬不能用力頂，而是用意，敷蓋，使其不得動。記住是用意，不是用力。

拿和放不在一個地方用意，而是分身形手勢，一般用手勢拿，如點住點，點到對方的中。放就用身形，手一點、身一動就放出去了，把對方看成一個球，手點球心，而身形平送，也打球心，對方跑不了，就打飛了！點和放在一瞬間，這就是合住打。

（2016年）

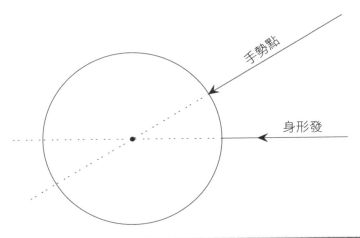

手勢點

身形發

1. 提（從左腳大腳趾
到右手食指）

2. 擰（右手食指經小
指、小臂到後背）

3. 抱（從後背沿左上
臂、小臂到左手小指）

4. 落（整體節節下落
至右腳掌）

談「擊打」與「發放」

「擊打」與「發放」是不同的，外家拳講擊不講發，講打不講放，而太極拳能長能短，能發能放，一般不用擊打。

擊打是斷勁、短勁、直勁，是以力傷人。太極拳講發放，以發、放為主，勁長，將人發至丈遠，還能勁斷意不斷，不是以傷人為目的。但不是說太極拳不能擊打、沒有短（寸）勁。太極拳的「哼」「哈」二氣中，「哼」是短勁、寸勁，「哈」是長勁。所以拳譜說：「合則發放出，不必凌霄箭。涵養知多少？一氣哈而遠。口授須秘傳，開門見中無。」（《太極平準腰頂解》）《武當拳術秘訣》中有拳術打法詩訣：「打法各家各不同，伏如處女傲如鴻。鐵鞋踏破江湖上，不如張家妙術工。」

勁有蓄勁、趁勁之別，打有等打、趕打之分。未打之先，蓄勁為主；已打之後，趁勁為佳。開手之時，等打為優；發手之後，趕打為上。

（2011 年）

談「發」與「擊」

　　《十六關要論》中說「發之於毛」，太極拳的發就是「發之於毛」，發的是勁，叫發勁，不是打人，打人叫「擊」「擊打」。太極拳的發，是借力，不是發力，這點搞錯了，永遠學不好太極勁。

　　太極拳是在氣領、意氣相合的功夫上，「渾噩於身，發之皮毛」時，外來力量能返回其腳跟的基礎上，才發勁的，才能形成四兩撥千斤的效果，將對方彈出，而不是主動出擊，一拳一掌將人打翻。一拳一掌出擊是力，而太極拳是用意，用意不用力，這一點不清楚就練錯了。

　　怎麼「發之於毛」，看看鬥雞，雞脖子上的毛是豎起來的。「形如捕鼠之貓」，貓捕鼠時的脊背一拱，呈現發之於脊背的形態。人也一樣，不過不太明顯而已。岳飛是練內功的，據說是形意拳的創始人，在他的《滿江紅》中第一句就是「怒髮衝冠」。

　　太極功夫在於通，身手一致是關鍵。就像抓住膠皮水管，水照樣從裏邊流出來，不受影響；就像抓了條黃

鱔，很容易從你手中滑出去。要順出去，要動中求靜靜
猶動，外形靜了，內部在動。

（2013年）

要幫助別人打自己

　　一般練習拳術之人，總存有打人的想法，但太極拳
卻以道家思想為基礎，以無為為宗旨。太極拳認為想打
人永遠打不了，不想打人卻打了人。這是無為思想的表
現，無為而無不為。

　　朱懷元老師一再強調，不要在別人身上亂推亂摸，
這樣永遠學不好太極拳，永遠打不了人，相反的，與人
推手，要總想著幫別人打自己。

　　經過了二三十年，老師走了，我才恍然大悟，原來
要發人先斂氣，斂足了氣才能發放。斂氣就是幫人打自
己的過程，此時才能達到楊班侯講的體鬆、氣斂、神要
聚的狀態。所以學太極拳一定要學會幫助別人打自己。

（2012年）

談「直來橫去」「擠中的橫」

大多來力都是直力，猛烈而凶狠，太極拳如何應對？朱懷元老師說：「直來橫去，以橫勁化解。」

在旋轉的陀螺上擲去一塊石子，石子就飛了，旋轉物體的切線方向就是橫，擠勁中含捲勁就是橫，肘化一大片也是旋轉的橫，鑽翻、擰裹也是橫勁。練擰裹，自己縮小，小到芝麻那麼小，幫別人打自己，練的就是橫。最後撐開的勁和收縮的勁，到了「其大無外，其小無內」的境地，就是高級階段。

對方撞來時，自己一縮，不是對方撞空了就是把對方從切線方向拋出丈遠，所以要把自己的內勁收到丹田，收到無限小，收到無影無蹤。

橫與圓是分合、是拋物線與圓周運動的關係。

（2013年）

如何解決大力來侵的問題

1. 談分勁，能分勁，別人就推不上，「接手分清敵和我，彼此之勁不混合」，那樣就不怕大力來侵襲，不受快慢影響，自由圓活屬於我。

2. 勁的正與側，推上了我用側，側勁需用意。直來橫去，由外動到內動，到用意不用力。

3. 運用點、斷、拍反擊對方來襲！

4. 肘化。肘化一大片，肘能化，誰也捂不上，推不著。

（2016年）

談「騰手」

朱懷元老師講，太極拳應用要「散接散打」，只用腕部到肘部和對方接觸，「把兩隻手騰出來，以備發勁」，到對方身上只許鬆沉給勁，不準用力。「雙手只負責給腰開門」指方向，不得在對方身上亂找亂問，更不可用手推人拿人。

我這裏解釋一下「騰手」，其一，如何騰？其二，如何發？其三，什麼叫只許給勁，不準用力？既不準用力，怎麼給勁？

騰手有以下三步。

1. 遞肘

遞肘就是把肘送給對方，對方就會接你小臂。

2. 鬆小臂

你小臂鬆不開手就僵了，手腕也鬆不開，就騰不出手來。

3. 鬆手腕

手腕能鬆，手就騰出來了，就可以形於手指，手指一動，走一個圈，就會有點出現，這個點就是我要找的

點，就是發點，發落點對即成功。此時用身形、手勢都可，是隨遇而發，無心無意，順其自然。

找發點，不是刻意去找，而是隨順中自己出來的，不是主觀找出來的。主觀找出來的永遠是錯的。有人找一輩子，用功一輩子，就是找不到，無緣！隨它去，不去找，倒有了，結果是「不想發就發了，找發勁永遠找不到」，這就是「沒有就是有」的無為思想。

（2013年）

再談「騰手」

　　朱懷元老師強調，手要騰出來。騰手與接手不同，接手是談兩人相見，交手一瞬間，而騰手是講的運行過程，它是根本。接手不能實接，要虛接，虛接才能將手騰出來，要求活動自如，關鍵在於氣斂，氣收到了丹田，手就虛空了，就能騰出手來，產生一種幫助別人打自己的感覺。

　　典型動作：

　　攤掌，攤開即成功，收到丹田，放在臂側。

　　猴形勾掌，收到丹田，勾手沉肘。

　　縮身吞咽。

　　耗子鑽洞。

　　猿猴爬樹。

（2013年）

論「繩子與釘子」

　　汪永泉講太極拳有七個臺階，第六臺階叫分勁，能分勁就是高手，「接手分清敵和我，彼此之勁不混合。不怕大力來欺壓，自由圓活屬於我」，這就是繩子，鬆隨的效果。你摸不著，推不到，拉不動，處處落空，從而進入最高的入化空境。

　　那不反擊也不行，如何反擊呢？反擊如釘釘子、捅棍子，可以從肩、肘發擊，關節前端鬆開，關節後端擊發。拿發肘勁來說，小臂如釘子，大臂似鐵錘，用大臂前端（錘子）擊下肘關節，就是肘勁；用肩作錘子，手為長釘，含胸，力由脊發，就是肩勁，獲得肩催肘、肘催腕的發勁奇效。

（2013年）

再談談「釘子與繩子」
——肘化一大片

　　前面談到發勁如釘釘子，小臂是釘子，發肘勁前擊，小臂鬆開，大臂前端如錘擊肘；肩發時，大臂鬆開，肩催擊大臂。總之，肘肩關節要打開、脫開，練出釘釘子的擊發。

　　另一種是拉繩子，如釣魚，用魚鉤釣住魚時，魚和魚竿間有根繩子拉住它。肘化一大片，對方侵襲我時，我用肘尖往後化，小臂如繩子，像釣魚線，勾住了魚。此時為沾黏勁，引進落空，小臂有繩子的感受，既柔（鬆的）又勾住了，是沾黏勁，跑不了的感覺。

（2013年）

遞肘、鬆臂、騰手

手是指方向的，是原則，不是簡單的方法，過程並不簡單。手要指方向，首先要騰出來。怎麼騰？第一步先要遞肘，用肘把整個小臂主動送給對方，這是手勢，小臂要鬆，所以整個過程是：

遞肘→鬆臂→騰手。

手騰出來了，問題是指方向，指哪兒？怎麼指？一般說指三個方向：對方重心在右腳，指其右肩窩；對方重心在左腳，指其左肩窩；在中間，指下死點（中線，即腰、胯）。

當然這是大概，還要憑著感覺走。太極拳是知覺運動，憑感覺才能精準，到懂勁階段，才能自然而然。所謂內動由己，由它自己出來的那個點，就是發落點。

（2013年）

鬆隨是根本，順出便成功

　　東轉西轉隨人轉，

　　轉到遇實就是點；

　　順勢一繞往前伸，

　　不知不覺便成功。

　　鬆隨是根本，順出便成功。

　　敵退我追，追不對，但必須跟隨，是隨打，確切地說是隨定，跟上對方，反擊時，自己「一定」而已。所以說是隨定，敵退我隨。

　　追是主動的，隨是被動的，所以追不對，隨就對。要練隨和定。

　　貨郎撥浪鼓與毛驢拉磨的差別在於腰的主動與被動。

（2013年）

談「順」的練法及其重要性

　　「順」為什麼重要？《楊家內傳拳譜》上說，「身形腰頂豈可無？缺一何必費功夫」，換句話說，練好太極拳，一定要掌握「身形」和「腰頂」兩個要領。這裏先談身形問題，身形是第一位的，楊澄甫「太極拳練習談」和「十要」中都十分強調身形的重要性。當年我去上海拜訪武式太極拳大師郝少如，他跟我強調：「身法是第一位的。」

　　那麼身法怎麼練？要虛領頂勁、氣沉丹田……這些今天不說了，還是從老譜來談。

　　身形腰頂豈可無？缺一何必費功夫。

　　腰頂窮研生不已，身形順我自伸舒。

　　捨此真理終何極，十年數載亦糊塗。

　　「身形順我自伸舒」中主要談「順」字和「伸舒」。朱懷元老師總說「勁要順出去」、舒展出去，後來我才清楚，所謂「大架」，練的就是「伸舒」，不是拳架子大小問題，而是要抻筋拔骨，把韌帶拉長，把肩

開了，把胯、大腿根關節拉開了，這樣身形才「伸舒」，才能通，才能發勁。

談到發勁，年輕人都很有興趣，但都用力，與太極拳用意不用力相悖而行，那麼怎麼可以不用力發人呢？就在「順」字上，就在「伸舒」上，發人只在一「順」一「伸舒」，與肌肉用力毫不相關。

當然這一順一伸舒就在打拳中練，譬如「按」，就要把肩平伸舒展，方向是向前；雲手是左右伸舒，玉女穿梭是四角向上，「單臂克雙攻」，還有抱球時的「左右下插」的靠勁……如此每個方向都舒展，就是個氣球，到達「其大無外」，收回丹田時，又到「其小無內」，空空寂寂，才算是混元一體。

另一方面是球的滾動問題，球雖有大小、開合、舒展、收縮，但不滾動就是「死」的、「僵」的。所以要講腰頂，腰上像指南針的頂針，像滾珠與軸互相接觸的那個頂點，餐廳圓桌下圓盤的滾珠是頂著滑道轉動的，這就是頂，頂不住就不能轉了，腰要頂就是要活，腰頂，指的是活腰，要來回研磨，所以叫「腰頂窮研生不已」，生生不已，來回地轉動。

（2015年）

論「藏中」

汪脈推手（揉手）要求「藏中」，即把我的「中」隱藏起來的意思。「中」與「重心」不同，與一般意義的中心也不同，是太極拳的專有名詞。「中」是在體內變動的，在身體的中心線上下移動的，是保持身體穩定的一個點，拿到此「中」，就拿「死」了對方，使對方不能變化了。

藏中就是化，就要求柔，我的「中」藏起來了，別人找不到，我就自如了。求藏中就是求柔化，是不頂人、不欺人，如此才能學會借力。而我求的是功夫上手，中定勁一伸手，對方的「中」就在我掌控中，他一出手就碰到牆上，暴露了自己的「中」，就要挨打。太極拳要練的就是藏中。

汪脈說的「中」，也即對方身體中的「死點」，有「上死點」和「下死點」，要設法藏起來，這要求就更高了，須用神意運行。

在打捋、搬攔捶、野馬分鬃等拳式動作時，都要注意藏中，捋打的是斜8字，是退回時的8字形，要注意

藏中，腰眼後吸就是練藏中。搬攔捶是往前上步的，在搬的動作中還是藏中，而拳前伸，雖是搬，但實際上是藏和伸的對拉，螺旋前進。

鬆腰胯就是藏中，虛領頂勁也是藏中，仔細領會就知道是虛靈頂勁，藏了就靈，不僵、不硬了。不是挺胸、梗脖子，而是一種靈動的意境。

老譜上說：「身形腰頂豈可無？缺一何必費功夫。腰頂窮研生不已，身形順我自伸舒。捨此真理終何極，十年數載亦糊塗。」

（2011年）

三環套月——內勁發放秘訣

太極拳發放靠的是意氣，意氣在體內要走完三個圈才放得遠。第一個圈要隨，隨人所動；第二個圈要收，要收緊、沾住、鈎住；第三個圈才放出去，發放要遠，如放箭，「出如凌霄箭」，放到月球上去，所以又說三環套月，是內勁發放的過程。口訣是：

一環隨，二環收，三環一放入雲霄。

有時第三環放半個就行，由切線方向放出，隨機而行，無主觀意念。

（2013年）

行功與發放

　　行功是指練拳、運行。發放是應敵時發人、放人。

　　行功（打拳）如蜈蚣爬行，發放如彈簧。

　　蜈蚣爬行，幾十條腿節節貫串，非常協調；兩須探路，指明方向。打太極拳需梢帶，切不可腰拱用力，兩手是指方向引領的，就像上公共汽車，必須排隊依次而上，一有插隊便亂了。打拳最怕肘、肩先動（插隊），這樣練不出功夫。

　　發勁時如壓縮彈簧，先收至腳跟（指內氣），再發到接點，貫入敵人腳跟，就是「動緩則緩隨，動急則急應」，急應是截勁，是彈簧勁，出於中定力，意氣相合、氣斂神聚才行，所謂「合即出」。

　　　　　　　　　　　　　　　　　　　　（2013年）

談「如何發勁」

前節鬆，後節發，才能透，才能借力，才能連根拔起，將人放翻。

太極拳作為武術、技擊，當然有一個發勁問題。如何發勁？關鍵是切忌用肌肉發，要用意，不用肌肉力。那麼如何用意？拳譜上講得十分明確，說「力由脊發」。

怎麼才能力由脊發呢？關鍵有三點。

第一，含胸拔背

只有在虛靈頂勁的前提下，胸一含，背一拔，像貓伸懶腰那樣，才能發出去，順出去。檢查方法，發時是否全在對方腳跟，如果有頂勁順不到對方腳跟，就是沒發對，沒發好，沒能借力。

第二，開肩，開胯

肩開了，韌帶拉長了，力才發得出，不會堵在自己身上。如果肩被堵住了，那就必須開胯，由開胯再發出去。

第三，發勁方法有有勁源和無勁源兩種

有勁源的，勁起於腳跟，發於脊背，是整體勁，是身形，力足，雄厚；另一種是無勁源的，屬冷勁，講脆、冷，主要是肘勁，身形不動，只動手勢，特別是暗肘勁，如同釘釘子一樣，一上手就釘入了。

楊班侯擅無勁源發勁，一般認為已失傳，其實不然。汪永泉小時候與楊班侯一起練，學得不錯，所以朱懷元、高占魁都擅此勁，只是易傷人，傳得不多。當年練得比較好的是余桐和，即小余子，他父親與汪永泉是北京協和醫院同事，他跟高占魁和朱懷元學，學得不錯。不管你是學什麼拳的，他就那麼冷不丁地一個肘勁，或點斷一拍，人就飛出去了。可惜的是小余子英年早逝，得了不知何種流感，沒三個月就走了。我們交往甚深，遺憾的是當時沒有學好，朱老師老跟我說：「那玩意兒傷身體，你就別練了。」我就沒認真練。

發肘勁就像釘釘子，錘子與釘子不能連，不但可向前，（帶螺旋）而且勾拳也是肘打。

「拍勁」要用肩井，由脊發，也可用肘，打鐘錘。

（2014年）

再談「發勁」

前面講了發勁的基本方法、基礎練習，現在談談實際用法。在實際應用中，外家拳常用的是直拳、勾拳，也就是我們說的直勁和橫勁。

1. 直勁求的是通。由脊發，順出去，勁力在對方腳跟，關鍵你能不能「借」，能不能達到對方腳跟，如搬攔捶的捶，高探馬的探馬掌，關鍵是能否含胸拔背順出去，刀勁（螳螂）也是。

2. 橫勁如橫拳，單鞭的勾，馬形拳、勾拳，這是肘勁，不要緊小臂，而要鬆小臂，勁由肘發。肘發就是釘釘子的勁，肘是錘子，小臂是釘子，這樣才能將人放翻。勁透，人就翻了。所以必須把肘勁練好，小臂鬆開，不用身形，用手勢。

第一種直勁是勁起腳跟，力由脊發，肩催肘，肘催腕，一線貫串出去的，所以直勁以開肩為根本，橫勁是以肘勁為基礎，冷、狠、透、脆。另外要記住，直勁一定要帶螺旋，這樣就能形成扯皮勁，不可阻擋。

練法要領：手領、腕轉、墜肘、肩繞。

（2014年）

談「發於脊背」

　　為什麼力要發於脊背，而不是發於腰、發於腳跟呢？

　　拳譜說「勁起於腳跟」，注意是「起於」腳跟，強調的是「起點」。

　　「注於腰間」，是通過、經過，也不是發力點。脊背才是！

　　射箭發力在弓背，不在弓梢。全身五張弓，身形是最主要的一張。弓背就是脊背。

　　　　　　　　　　　　　　　　　（2011 年）

談「後發先至」

太極拳講後發先至，怎麼才能後發先至呢？這個過程好像打仗，遇到敵人來進攻，先在他前進途中阻擊，同時後援部隊占領制高點設伏，再放他進來殲滅他。

也可以看成四個階段：

①定——頂勁（勁端）不出；

②蓄——腰胯鬆開蓄力；

③引——頂端引進落空；

④放——合即出。整個過程是定、蓄、引、放，就形成了後發先至。

接手前自己先要斂氣，這時一接觸就可發勁，是截勁，只需③④階段。

「遇到勁碰勁（頂了），鬆開即時變」，解決方法是「鬆」，問題是，怎麼鬆？鬆哪裏？要頂點不丟，鬆腰胯。「有病必由腰腿求之」！一定要鬆到腳掌。

（2013年）

發勁在哪兒發，往什麼方向發
——談談「發力點」

要發勁，首先要解決在哪兒發，以及往什麼方向發的問題。這就要解決接手問題。

汪永泉、朱懷元說「接點不接面」，要找出一個點。其實，這個點不是找出來的，是自己產生的。

注意，不是我「找」出來的，是它自己產生的！就是說根據對方出力的變化，自然而然就出現了那個點，那個點如果對我不利，我調整自己，我舒服了，出來的那個點就是用來借對方力的發力點，一般就在原先那個點的周圍，自己感覺到了，發現了，就展出去，這就是練己的過程，調整自己，還給別人，「我順人背謂之走」。這個點不是我主動找出來的，是被動產生的，在原來點周圍的一個點。

（2016年）

談太極拳的「打人如親嘴」

　　打擊談的是打人，拳擊、跆拳道及許多拳術，是要把人打出去，一拳多少磅，多少公斤力，能把磚塊擊碎，把石板粉碎……而楊班侯的「九訣」中要求「打人如親嘴，手抱身要擁」。意念全然相反，不是用力，不是把人打出去，而是要抱過來。

　　「擁」是擁抱，抱過來，不是把對方看作死敵，而是視為親近的女子。我在教學生時為了說透，以便讓他們更好地領悟精神，加了兩句：

　　打人如親嘴，手抱身要擁。

　　氣升神貫頂，胸中一片空。

　　手抱時要吞化對方的衝擊力，意氣從腳跟翻上，到達頂上，形成了神聚的狀態，此時達到全身透空的狀態，然後才能體會、理解「打人如親嘴」的內涵。

（2013年）

如何接手

與對方接手，接觸點是勁端，要做到以下幾點。

不能頂著去，要不頂，還要不丟。也不能平著去，或豎著去，要側接，也就是接點不接面。兩手要虛接，所以要接手四梢空，兩手、兩腳都是虛的。

以上是原則，下面談方法。

要化勁端，接點的勁（對方的力）從肘後化出，如水流出。

側接，用我的側，接他的直，直來橫去，用橫勁側接。

側接，方法就是在接點四周找個點，橫著化來，這一「側」就是「問」，問出他的勁源，然後直奔勁源而去，「合著」去，這就是「引進落空合即出」。

勝負在接手那一瞬間就定了。朱懷元老師講騰手，要求手騰出來，手不是打人的，而是指方向的。

（2015 年）

接手時的空法

「接手四梢空」，是說接手時手梢、腳底都要空。一接手就與人頂住、腳跟蹬住都不對。無論是手上接觸點還是腳跟、腳掌上都要空，要虛接、含於內。

怎麼空呢？也有講究，有腕空、肘空、肩空、腰胯空之分，必須仔細分清楚。

點斷時用腕空。

發肘勁時肘空。

發長勁、順勁用肩空。

別人按住你的手、胸，退到無路可去時用腰胯空。

老拳譜中講，「妙手一運一太極，空空跡象化烏有」。

（2014年）

一空勁端，二空勁源

接手時要求不接，勁端是空的，接手四梢空。

當勁端接上了，不能跑，接住時要立即空自己的勁源，叫拿住勁端空勁源，全靠內動、轉丹田來解決。

空有形空和意空之分，形意皆空才是真正的空！

一空勁端，二空勁源。

要一空再空，空九次，直到什麼也沒有了，空空寂寂，只剩一張皮，一個外殼。

（2015年）

三種打法

1. 撬起來前推——槓桿法。

2. 吊車吊起來打，大老吊——吊車法。

3. 手按住、身打，把對方看作球，手按住，身形打。

（2016年）

談楊家「緊三捶」與「五星捶」

楊家有名的「緊三捶」是指：1. 撇身捶；2. 折疊捶；3. 搬攔捶。三個捶有很大差別。

1. 撇身捶

要緊身，貼身，（臂）向外撇出去，加上翻身動作，直逼對方胸口。

2. 折疊捶

由橫肘、壓肘（疊）、翻拳三部分組成，意在折疊打人，含有擒拿法。在擒拿中叫疊肘、橫肘。

3. 搬攔捶

顧名思義，以搬（繞開）、攔上臂（向外摔）和打捶組成，順著勢打正反兩圈，必中無疑。

緊三捶再加上肘底捶和栽捶，叫五星捶（又稱五行捶），全套楊傳太極拳中共有五個捶。

（2016年）

離空打與凌空勁

　　關於凌空勁存在不存在的討論有很多，其實我認為肯定是存在的，問題是如何理解。就像用意不用力一樣，有人說，不用力怎麼打人，怎麼發？一樣是個理解問題、認識問題。

　　汪傳太極拳講究接手四梢空，接手時要求不接，要求空，沒有接著就是空。空鬆就是空。

　　不接勁，離空打，點斷打……都要求離空。「凌空」不是隔山打牛，不是隔三尺、一丈發人，是意，用意（不用力）。

　　《清靜經》說：「內觀於心，心無其心；外觀於形，形無其形；遠觀於物，物無其物。三者既悟，唯見於空。」

（2016年）

「正」「側」與「虛實」

　　太極圈中兩條魚的眼，表示實中有虛（黑中白），虛中有實（白中黑）。汪老說，對方來的正面勁就是實，虛點在側面，接手時要千方百計地側接，避開對方頂峰（勁的正面），轉接頂峰周圍，用側點控制對方勁源。如對方用拳，我用掌接時，要空掌心，掌心如含小球，用食指或中指往下一點，對方便會拔根；若用無名指或小指，對方便會從側面傾出。這也是避實就虛、以虛帶實的方法。

（2014年）

點、刺、展（手勢）

　　點勁不過腕，
　　刺時意在肘，
　　展時肩要開。　　　　　　　　（2015年）

捌 拳架篇

太極拳起式與古譜歌訣

先談傳統內功太極拳的起式：

《乾隆舊抄拳譜》歌訣第一首是：

順項貫頂兩膀鬆，束肋下氣把襠撐；

胸窘開勁兩捶爭，五指抓地上彎弓。

歌訣中強調了練太極拳的基本功。我打的起式實際上就是按它的要求練的，其中含了八個定式（八大椿），前後、上下、開合、中定都有。

1. 無極式是口訣第一句「順項貫頂兩膀鬆」，虛領頂勁，順項貫頂，氣達指尖。

2. 提腕養丹田（養氣式）。

3. 藏肘往後（肘化一大片）。

4. 平送，白猿獻果，即第二句「束肋下氣把襠撐」，開胯提襠，吊襠圓肘。

5. 仙人抒鬚（上提下落）。

6. 拜見老君（童子拜觀音），即第三句「胸窘開勁」。

7. 三盤落地，氣沉丹田（兩捶爭）。

8. 合太極（五指抓地上彎弓）。

「張與弛」「鬆與緊」「文武之道，一張一弛」，每個關節都要一鬆一緊。如何鬆，如何學，要琢磨、研究，自己去練。

（2014年）

起式1：鐵牛耕地　　　　　起式2：白日飛升

起式3：肘化一大片

起式4：白猿獻果

起式5：仙人捋鬍1

起式5：仙人捋鬍2

起式5：仙人捋鬚3

起式6：童子拜觀音

起式7：三盤落地1

起式7：三盤落地2

起式中的停閉呼吸

　　停閉呼吸是腹式呼吸中的高級呼吸法。腹式呼吸為丹田呼吸、先天呼吸、胎息……但中間夾以停閉過程，可以進一步提高健身長壽效益，打通大周天。

　　先練好「吸之綿綿，呼之微微」的胎息法，當微之又微而感覺呼吸似乎停了的時候，就讓它停了，似乎沒有了，就進入了停閉階段、入定階段，此時的生理變化萬千，感覺奇特，才能進入「大象入於渺茫」，杳杳冥冥之中，才有許多語言不能表述的感受……

　　其實起式就是椿法，就是功法，外動大小，可越來越小，最後取養丹田式（直立，雙手置於丹田），行周天法，躺著一樣可練，坐著也可。

（2013年）

太極拳式的組成

太極拳式有37式，其實都是由太極圖組成，正常的圖形如下：

左陽右陰　反式

但可以變形如下圖：

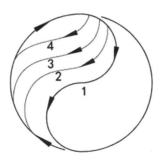

太極圖中Ｓ線變異

一變形就變出種種拳式，而各拳式又全基於此。以野馬分鬃來說，左右野馬分鬃，如下圖：

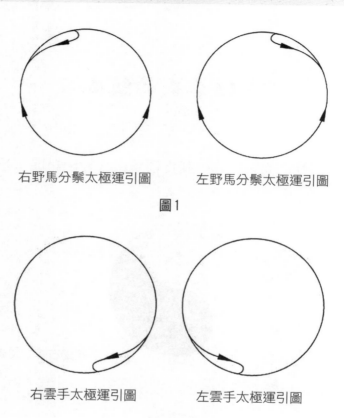

右野馬分鬃太極運引圖　　　左野馬分鬃太極運引圖

圖1

右雲手太極運引圖　　　左雲手太極運引圖

圖2

　　上面的圖2是什麼？是太極變形圖，對！但我問的是這是什麼拳式。上面圖1是野馬分鬃（右式與左式），下面圖2是左、右雲手，看得出嗎？下邊眉毛是右手上提和左手上提的路線，走出來就是會內動了，看得出就是懂了，就理解了什麼是太極拳。

（2013年）

哪個式練得最多

　　練得最多的是單鞭，一趟拳下來是十個單鞭。因為這是最重要，也是最難的一個式，既練基本功，也練用法，手眼身法步都在內，是體用大全。當然，如果你沒練到位，就什麼也沒有。其中重要的有以下幾個方面。

　　1.拉出單鞭時，一定是虛實分明，三虛包一實，大腿前端（股四頭肌）有力，環跳穴氣滿，精神提起，耳聽背後樹梢（神意足）。

　　2.含採、挒、肘、靠（右手轉換過程中）。

　　3.步法從攬雀尾到單鞭要轉180°，多變。

　　4.路路通，會發放（接下來的式子中有下勢、高探馬……）。

　　除單鞭外，重要的還有雲手與摟膝，第一段就有五個，重複三次摟膝拗步，主要接手揮琵琶，雲手三次，每次三個就有九個，建議打五個就有十五個，每個走三個圈就四十五個來回。

（2014年）

左掤

太極圖與攬雀尾

攬雀尾的掤、捋、擠、按走的都是太極圖，只是變形了，掤為上偏的太極圖，捋是下拉長的太極圖，擠是橫橢圓的太極圖，按是上下豎的太極圖，所以說攬雀尾中有四個太極圖，而每個太極圖中又都有掤、捋、擠、按四個勁。

這樣就可以進入牛春明所說的「攬雀尾的八個勁都在手指尖上」的境界，手指尖上也都是太極，因此說「渾身無處不太極」，最後進入「掤、捋、擠、按皆非似」的境界。

（2014年）

攬雀尾與五行

　　五行是水、火、木、金、土，拳中是掤、捋、擠、按中定。

　　掤時腎水上提，捋時心火下降，擠為肝木，按是肺金，按到終點時不前伸而要定，氣沉丹田，是中定勁，然後轉換，是一個落點，這一落點中定十分重要。

拳	掤	捋	擠	按	定
五行	水	火	木	金	土
臟腑	腎	心	肝	肺	脾

　　體會坎中滿（☵），離中虛（☲）。

（2015年）

搬攔捶練法有感

　　這個式子主要測驗鬆隨，被人一拳打來，不鬆隨搬不動，鬆了就能搬過去。

　　還可以探討順圈、反圈和一線貫串問題，作為練功來講，是更為重要的一環。

　　搬是內向外的順圈。

　　攔是外向內的逆圈。

　　捶是左手攔，由背回到右手的S圈。

　　最後從腰際出捶是螺旋勁，所謂「進出螺旋力」，向前的鑽翻勁，是六合勁之一，整體要一線貫串，這是很好的練功方法和實用招式。

　　練時可反覆練，並且要換手，左邊也要練，即左搬攔捶。

（2015年）

談「摟膝拗步」

　　摟膝是反圈，先一個，後三個，第一段就打五個，重複說明重要，要多練。

　　練什麼？練活腰，轉化，包括多種用法（摟腿、奪刀等），體用兼全。

　　四個動作：轉、提、摟、按（定）。

　　轉——活腰，轉化。

　　提——上提勁。

　　摟——招法、防踢、防刀刺。

　　按（定）——斂氣中定，發放。

（2016年）

談「扇通背」

扇通背一式，顧名思義，包含兩個內容，一是要像扇子那樣打開，海底針後挑起來，右手不收，直接向前挑起，整個人（向前走）就像一把扇子打開。第二是不但要像扇子打開，而且要通過背，右手到左手，由背出勁，所以是說像打開扇子由背出勁的意思。

扇通背又叫「三通背」，意思是說此式不但要通背，還要讓你通三次，第一次右手挑起（到左手），第二次是食指指右眉轉身時（左手到右手內勁也通過背返回），第三次是肩背後靠時，氣沉丹田，右手下伸，左肩後靠，然後再打翻身撇身捶，所以是三次通背。力由脊發，通背是發勁的必由之路，所以很重要。

還有一種叫法為「山通背」，是因為外形像個「山」字。內勁要點，還是強調要通背。

（2014 年）

談「掤、捋、擠、按須認真」

拳譜上講「掤、捋、擠、按須認真」，那麼，怎麼練才叫「掤、捋、擠、按須認真」呢？

我談談我對攬雀尾練法的認識。

攬雀尾中含掤、捋、擠、按四式，每式又有四個動作，四四十六，十六個動作要一線貫串，才是「掤、捋、擠、按須認真」。

掤、捋、擠、按四式中，每式有四個動作，如下。

掤由掤、鬆、開、合四個動作組成。

捋由捋、提、轉、落四個動作組成。

擠由擠、捲、抹、合四個動作組成。

按分成提、按、開、合四個動作。

這十六個動作要一線貫串，在體內左右上下來回流動。如果達到這種境界，有了感覺後，才是內外相合、一線貫串，這樣練才是真正、認真地在打攬雀尾。

「掤、捋、擠、按須認真」，要認真學的關鍵有三點：

1.節節貫串，一氣貫通，渾身無凹凸、無缺陷。

2. 研究亂環的走向，平圈、斜圈、立體圈的走法，轉換要注意，轉換不了就會斷。

3. 四種勁的要點、理解、應用（全是意）。這四種勁，拳譜上有歌訣，說明如下：

「上下相隨任人進」，求的是節節貫串和通。

「引進落空」，是指亂環的轉換。

「沾黏連隨」，指隨和不斷。

「合即出」，是四種勁合的應用。

（2016年）

一個拳式中的兩次開合

練習拳架首先要求圓，處處是圓，按圓周運行，但走內勁就要內有開合，在一個式子中有一開一合就有了內；有兩開兩合就能在推手技擊中占得先機，變換莫測；還可以三開三合，甚至任意隨時開合，隨機而變，就進入上乘功夫了。

例如下列拳架：

雲手：

   1. 無開合

   2. 一個開合

   3. 兩次開合

   4. 三次開合

摟膝拗步：

   1. 無開合

   2. 下摟時開合

   3. 後提開合

高探馬：

   1. 無開合

2. 出手前開合

3. 加後手有開合（兩個開合）

抱球：

1. 無開合

2. 上提手開合

3. 下抄手開合（兩個）

……

圓（外形）→有一個開合（入門）→兩個開合（中乘，可技擊）→三個以上（上乘）。

外動停頓，內動不已，似慢實快。

（2011 年）

內氣在兩臂間的流動路線

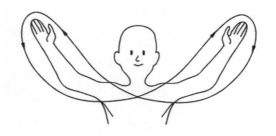

　　1. 左右抱球，關鍵是要通，通過脊背，通到兩臂不能斷。關鍵在通背，不然就斷了。

　　2. 行氣路線，如水流，要分上下：上線出（掤，開），下線回（捋，合），交錯行運，如「∞」字。

　　3. 從大指到小指，逐指（指端）運行，此全是意。

　　4. 掤時腎水上提，提會陰（虛領頂勁），捋時心火下降（氣沉丹田），心腎相交。

　　出勁如排隊上公共汽車（出）（開），回勁似多米諾骨牌倒塌（收）（合）。

　　　　　　　　　　　　　　　　　　（2011年）

談「掤鬆開合」

　　過去有個「卞和玉」的故事。春秋時期有個叫卞和的人，將一塊璞玉送給楚厲王，楚厲王一看是塊大石頭，大怒，認為卞和欺騙他，下令砍掉了卞和的左腿。後來，楚厲王死了，武王繼位，卞和又去給武王獻玉，武王也認為他是騙子，說：「你騙別人沒騙成又來騙我了，再砍一條腿！」結果卞和第二次被砍了右腿。

　　當玉蘊含在石頭外表下的時候，人們往往很難認識，反而會以為獻寶玉的人是騙子。

　　其實，我說掤要打出掤鬆開合，要實腳轉，這就是「卞和玉」，大家能不能慧眼識玉，就看自己了。這個練法中包括了以下要領。

　　1. 過去練武練的是起、落、開、合，所以掤是起，鬆是落，開是橫開，合是收落。

　　2. 太極功夫關鍵在轉換，轉換必須實腳轉，不後退，開合是在重心不變的情況下進行的，是前腳實後腳虛時的開，可長內功，是武功的基本功，是太極拳的內勁，不然練不出內勁來，也不能借力。

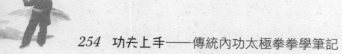

3. 能練神，能「覺明」，開「第三隻眼」。

4. 要內帶外，指內氣帶動外形動，就是拳譜上講的以氣運身。內氣一動，外形隨之而運行。

（2013年）

談「運、落、轉、合」

每個拳式都由運、落、轉、合組成，即運行、落點、轉換、合住四個過程。有時一個式子可以兩次，即八個動程，熟練後，這四個過程的次序可以自由變換。

運行，是一個過程，運行到一定程度就要轉換。轉換前先氣沉丹田，即落點，如大雁飛翔後著地，又好比飛機到達目的地要著落，然後轉換，換乘大巴或轉機。轉換時是一開勁，虛靈頂勁，張第三隻眼，開天門，練覺明，然後合住，開始另一拳式。

武術中，先要合住再應敵，再接手。

武式太極拳中練「起、承、開、合」，打拳時都將運行作為開始。

（2011年）

談「轉換」

拳譜說「轉換需換得靈」，強調轉換的重要。如何練轉換呢？先練肩背轉換，再練腰胯轉換。

1. 肩背轉換從抱球（左右下）、高探馬（中前）、雲手（平）、玉女穿梭（斜上）、白鶴亮翅（直上）等拳架中找，練好了，力由脊發就有了。

2. 腰胯轉換，涉及步法靈活，下體活而穩，到上下貫串，就有了踏勁。

上述兩項練好了，才能上下相隨，內外相合，可以在抱虎歸山、分腳等拳架中檢驗。

（2011 年）

「落點」與「到位」

打拳要有落點，到了落點才算到位，一到位即是轉換時刻，切記切記。不到位則拳白打，練不出功夫。到位就是椿，就是定式。

轉換的要領：

1. 要實腳轉，練虛靈頂勁，氣沉丹田，煉神（開「第三隻眼」）。

2. 要輕靈，有腳踩荷葉的上浮感。

3. 轉換是第二個圈，第一個圈隨，第二個圈走內，轉換對了就能沾黏，沾住對方，如釣魚那樣，鉤住不放、不斷，第三個圈就放。

（2014年）

談「雲手的三個圈」

　　雲手走的三個圈是肩圈、腰圈和胯圈，就是八卦的乾三連。

　　走法，可以每次走一個，如第一次肩圈，第二個雲手走腰圈，第三個雲手走胯圈，但最後要一個雲手中走兩個或三個圈，而且可以任意換，如肩腰、肩胯、胯肩等，隨意走。

　　在推手中也有三個圈：

　　第一個隨，就是在接手時的鬆隨；

　　接著就走第二個，是沾黏勁；

　　在內運到第三個就可以發人了。

　　不但雲手走三個圈，其他姿勢也一樣。

　　太極拳雲手的肩、腰、胯三個圈非常重要，要在一個雲手中運出三個圈已是太極拳中的高水準，常練對提高太極拳內功有極大幫助，練會了、練熟了，那就必須舉一反三，其他拳式也一樣練，我最喜歡的打虎勢、高探馬都有三個圈，打起來特別舒服。

　　其實，摟膝拗步、搬攔捶、野馬分鬃……也都一

樣，如此練去，不用太久，功夫就很好了，推手就能自如，借力、行氣、斂氣，都會很好。

雲手要雲出四季：春生，夏長，秋收，冬藏。

（2014年）

再談「三個圈」

雲手中的三個圈

　　一個雲手的內氣運行可有三個圈：肩圈、腰圈、胯圈。都在內，如果沒有內氣運行，只有外形動作，那是空架子。

　　只走一個圈（內，外），可以：

　　1. 走肩圈

　　2. 走腰圈

　　3. 走胯圈

　　功夫好了，一個雲手可以在內走兩個圈，而要走三個圈就更難了。

　　走雲手時，每個雲手要走三個圈，這是很難的。練時，第一個走肩圈，第二個走腰圈，第三個雲手走胯圈，然後一個雲手把三個圈都走了。

　　推手時第一個圈是化別人來勁，第二個圈就可以沾黏了，第三個圈任你發放。就像釣魚，一個是魚鉤，一個是釣魚線，第三是魚竿，鉤在梢，要靜，要隨；線要柔，能沾黏，能隨魚而動，魚跑不了；魚竿有彈簧勁，可以釣起魚來，是發勁。

（2014年）

「落點」與「轉換」

練拳除了隨時要注意通透和一線貫串外，落點和轉換也十分重要。

落點有了，就有了氣沉丹田，有了「沉著專注一方」，在運行過程中求的是通透，到了終點求的是沉著。氣沉丹田重心到達腳掌，發放和立於不敗之地都在這一個落點上，是功夫好壞的基石、基點。有了落點之後瞬間就要轉變，不變就「死」了，就僵了，這時要緊的是轉換，轉換要及時，要根據對方的情況改變。

轉換要輕靈，輕靈是指對方還沒有按實就被發現，立即變了，就輕靈了。輕則靈，靈則動，動則變，變時需虛靈頂勁，從腳底一下到了頭頂產生騰挪，龍騰虎躍的「騰」，往上挪，這樣就變換輕靈，不然實腿變不了。此時「第三隻眼」（眉間二郎神的眼）就開了，氣就斂了，就神聚了。

（2013年）

如何正確理解「打拳無人似有人」

「打拳無人似有人」，一般人理解為我在打拳，雖然沒有人，但在我的思想中，前面有人，如打摟膝拗步，就想一隻手將人摟開，另一隻手推人胸口……這就錯了，而且是大錯特錯。

因為打拳時要求放鬆，沒有人時放鬆了，想像前面有人推我，我還能放鬆，這時不受任何干擾，還能放鬆，有人推我，我就隨人所動，這就對了，所以楊禹廷大師說：「像毛驢拉磨，隨著轉。」

所以說，打拳無人似有人練的是自己放鬆，好像有人在拉著我動，我不受干擾還能放鬆。

同樣道理，推手有人似無人，練的是真有人推你，你還能像沒有人那樣放鬆，都是求「捨己從人」。一句話，就是不主動，永遠不要主動去打人，達到不打人反而打了人的境界，才是高手。

（2015年）

談「身動手不動」

身動手不動是整勁，以步帶身，要意氣相合，是合勁。合住了走，是活步；停住了，落點後，別人沒發出去，已經貼近了，用手式。

（2015年）

論「梢帶」

梢帶是「太極全憑能借力」的練法、原理、原則，只有梢帶才能借力，才能練出四兩撥千斤。

什麼叫梢帶，怎麼練？「梢」是指頭頂、兩手和兩腳五個點。第一是頭，是指虛領頂勁，百會領，印堂開，下頜含。

兩手似觸鬚領方向，以手帶身兩翅搖，似鶴欲高翔，鷹擊長空，毛驢拉磨。

兩腳五趾抓地，如猛虎跳澗，含騰挪意，勁起於腳跟，行拳時的落點、實腳轉換、邁步如貓行等就是練的腳梢帶身。

梢帶身能練出輕靈、腰活，既能借力，又能養生。

（2016年）

手帶腰與腰帶手
——借力型和力量型的差異

現在社會上很多人學、練太極拳，基本上打拳時都是腰帶手，現代人寫的太極拳書上也都在談怎樣用腰。但是，按傳統太極拳的練法看，這都是錯的。

我寫了一篇《談手帶腰》的文章，卻遭到許多人的反對，有人說：「明明拳譜上講腰為主宰，你卻說要手帶腰，你當然錯了。」但我問他：「什麼叫主宰？」主宰其實是指決定性的，並沒有說腰用力和發力。

太極拳的經典文獻中明確講的是活腰，如在《十六關要論》中，第一就是「活潑於腰」（有人把這一條改到後邊去了，把頭放到第一，是瞎改）。活腰怎麼活？就要以手帶、外帶，以腰帶就「死」了，練不出太極勁，練不出四兩撥千斤。如果你喜歡以腰帶，就去摔跤、拳擊，練外家拳。

手帶腰，外帶內，才能四兩撥千斤，這前人千百年總結出來的太極拳精髓，是中國文化遺產中的瑰寶，它的核心是用意不用力，這是十分科學的，符合滑輪原

理。滑輪是小力勝大力，是外圈小力帶動內圈重力。太極拳譜裏有「活似車輪」的形容。

　　這裏的車輪不是指現代汽車的主動輪，而是牛車、手推車的被動輪，牛是主動的，車輪是被動的。

　　所以，楊禹廷用了一個非常形象的比喻，說打拳要像毛驢拉磨，意思也是說打拳要以手帶身，「以手帶身兩翅搖」，才能像雄鷹飛翔。

（2013年）

毛驢拉磨和主動輪、被動輪

　　太極拳要求隨人所動，太極拳譜上形容為「活似車輪」。古時沒有汽車，都是牛車、馬車，或者人力推的手推車，那時的車輪都是被動輪，不是現在的汽車輪，汽車輪有電機驅動，有主動輪。

　　有人不知道兩者的差異，理解為汽車的主動輪，所以，往往主動用力，偏離了太極拳的本意。

　　楊禹廷大師說：「打拳好像毛驢拉磨，記住了，你不是毛驢，你是磨！毛驢學不好太極拳的！」我跟學生開玩笑說：遺憾的是偏偏有人要用力，想打人，固執地要當毛驢。

（2011 年）

內帶外還是外帶內

這裏談的是外圈帶內圈還是內圈帶外圈的問題，也就是說，是腰帶手還是手帶腰。

如何打好太極拳？先要解決內帶外還是外帶內的問題，即腰帶手還是手帶腰的問題。不解決這個問題，不能四兩撥千斤，也學不好太極拳，練不出太極內功。

一個輪子轉時有兩種轉法，①轉軸心，②轉外圈。當然轉軸心吃力，轉外圈輕鬆。

轉軸心叫內帶外，轉外圈是外帶內，內相當於腰，而外是手。

那麼試問，要小力勝大力，要四兩撥千斤，應該怎麼打拳？那就顯而易見了，必須手帶腰，必須外帶內，所以楊禹廷說，打拳要像毛驢拉磨。

吳圖南的得意門生楊家倉問了一句：「到底是手帶腰還是腰帶手？」吳老臉一沉：「我去年不是跟你說過了是手帶腰嗎？不信我來幹什麼？」用手一指門口，「走人！來幹什麼？走人啊。」

問題是現在都在練腰帶手，用腰發力，那還練什麼

太極拳？喜歡用腰練就去練外家，去練技擊、練摔跤，練太極拳這樣是白練的，越練離太極拳越遠。

那麼怎麼練呢？要自己仔細體悟每個動作是用手帶著身體運動，還是用腰帶著轉動的，說腰要活是對的，是講腰上不能用力，要用手帶著腰輕輕地轉，用手帶身、帶腰動，「形於手指」「以手帶身兩翅搖」，就像雄鷹飛翔，著力點在手上，不在腰上。

麻雀跳時是用腰腿，所以我說：「要學雄鷹飛翔，不學麻雀跳躍。」你可自我檢驗一下，自己是用腰帶還是用手帶？

還有一個例子，可以自己好好體會，會游蛙泳的，游時也是以手帶身，所以說走架打拳就像游泳一樣，要以手帶身。

（2015年）

談談「手帶」「腳帶」與「腰帶」

明代俞大猷說「以手帶身兩翅搖」，意思是打拳時要學鳥振翅飛翔，如高飛的雄鷹。我說「以手帶身彩雲飄」，打拳要輕靈，像空中彩雲、天上神仙。

楊禹廷說「打拳要像毛驢拉磨」，就是強調以手帶身。吳圖南說要「外帶內、手帶腰」，求的就是輕靈，這樣打拳才能養生、長壽。

若以腳帶身，就像推土機，沉穩、有力，有人強調要練「太極腳」，這是一種勁法，是技擊的一種練法，也是主要的太極勁，強調的也是梢帶，是借力。

另一種是以身帶梢，即以腰帶身，講的是用身體的腰力帶動，太極拳中稱「合力法」，「前腳踏後腳，後腳踩前蹤，上下一條線，五行主力攻」。像擲出去的炮彈，有很大的殺傷力，這也是外家拳和大多數武術的練法，但不屬於太極拳的特點，還會傷身體。

（2011 年）

如何練以手帶身

1. 體會「以手帶身兩翅搖」，與大雁飛向天空相似，身體要靠翅膀帶動飛翔。

2. 毛驢拉磨，身是磨，手似乎有毛驢拉著轉。「兩手春風拂楊柳」，春天來了，楊柳枝葉飄盪，不是自己動，是春風把它吹動了，春風是外力，楊柳飄動是隨。

3. 體會手拉樹和手推樹的不同，拉時是手帶身動；推時是腳頂腰，腰頂手，手推樹，是腰身帶手。若手推樹時，把自己推開了，腳不動，人後仰了，這是手帶身。

以手帶身兩翅搖，
以步帶身水上漂。

（2012年）

梢帶的練法

1. 猿猴爬樹練手梢帶全身。

2. 提手上式是腳尖和手指上掛全身。

3. 踮腳尖蹲地（太極尺動作，甩手）是腳尖帶身。

4. 吳圖南小架攬雀尾是手帶身。

5. 武式懶扎衣是手帶身。

手帶

○鳥的飛翔

○蛙泳

○爬樹

○毛驢拉磨

腳帶

○研腳（腳尖帶）

○蹚泥

○踩蹺蹺板

○退步（倒攆猴）

（2011 年）

打拳時的虛實

打拳時要虛實變換，要虛實分明，虛要虛透，實要實足，所以會形成三虛抱一實。就是說一腳實了，另一腳和雙手都虛了；一手實了，兩腳如踩荷葉，要騰挪，有輕靈感，下實上輕，上實下輕，總要虛虛實實，實實虛虛，在意，形於梢。

（2013年）

打拳打出四季

有人說，打拳要打出四季。春生、夏長、秋收、冬藏是四季的規律，打拳也要打出春生、夏長、秋收、冬藏來。老師教我拆架子，每個架子都有起點、運行、轉換、落點四步（即起、運、轉、落）：起是春生，運行是夏長，轉換是秋收，落點是冬藏。

所以，打拳要打出四季。任何事情都是如此，可以說這是任何過程的概括總結。

（2014年）

談練拳時的「陰陽一體」

　　陰陽是一體，不能分開，分開就什麼也不是了，合在一起才可談陰陽，陰中有陽，陽中有陰，兩方面同時存在。虛實也如此，虛中有實，實中有虛，虛實是一體，虛即實，實即虛。

　　點和面，點中有面，面中有點，點面變化示神奇。

　　展的問題，展不是伸得很長，收時（肘後退時）也是展，往上一伸是展，往後一收也要展。

　　整與合，不是憋氣，不是亂動。

　　心常清靜則神安，神安則七神皆安，以此養生則壽，歿世不殆。

（2016年）

太極拳的運行與太極圖中的S線

　　太極圖中的S線是打好太極拳的關
鍵，體內走不出S就不是太極圖，僅是抱
球而已。沒有內，是體操，成太極操了。

隱藏在太極拳
架中的S形

　　太極拳是怎麼運行的？它的拳式不
少，但都離不開畫太極圖，它與太極圖的運行是一致
的。

　　畫太極不在乎順圈、反圈，由S來轉換。由裏向外
為順圈，由外向裏是反圈，中間S是轉換，連起來就是
太極圖。

　　體內的S轉換就是太極運行圖，就是懷抱太極，經
過不同的組合和方向的變化，就是太極拳運行圖。以搬
攔捶為例，順（搬）反（攔）再回到右手（體內S），
捶（螺旋出，反圈在右小臂表皮上），當然除兩手外，
下體也相應有運行，所以打拳內外相合地走無數太極
圖。因此說「渾身無處不太極」，不但指全身都有虛
實變換，而且體內外確實形成了太極圖形。

（2015年）

談「半截拳」問題

　　看了一位名師的太極拳影片，挺遺憾的，他的上下沒有通。

　　汪永泉太極拳有七個臺階，第一臺階是上下相隨，若上下說不上話，叫半截子拳，上身動時，與下半身是分開的，各自動各自的，沒有相互關聯，所以叫「說不上話」。什麼原因呢？是因為沒有節節貫串，中間斷了。

　　一般說來斷在兩個地方：一是腰，腰一用力，就滯了，在腰上就停住了，不能下傳，所以上面動作下不去，斷了；二是膝蓋，膝蓋一蹲，先下去了，則與腳說不上話。所以節節貫串是關鍵，拳譜上說「尤須貫串」，尤其需要好好練，練通了就上下相隨，這是學好拳的第一步。

（2015年）

玖 教學篇

內功太極拳教學大綱

一、學什麼，怎麼學

1. 用意不用力。

太極全憑能借力（太極拳是文化遺產）。

2. 以心行氣，以氣運身，在內不在外。

二、基礎練習

1. 身法

中正安舒；（站樁）虛靈頂勁，氣沉丹田；開肩開胯，含胸拔背，鬆腰坐胯。

2. 步法

分虛實，12345→54321（左右「S」起）。

3. 手法

以手帶身兩翅搖，形於手指，接手四梢空。

三、打拳，走架

1. 太極拳乃空、鬆、圓、活之道。

2. 全身好像氣球，氣勢貴騰挪，身體猶如懸空。

四、如何評價自己

汪永泉大師說，太極拳有七個臺階，可以以此自我評價一下。

汪脈太極拳七個臺階如下：

第一，上下相隨，要防兩截拳。

第二，內外相合，透過練左右抱太極，體會內動和節節貫串。

第三，內外相合的上下相隨，此是太極拳入門的標準。

第四，拆架子，起、落、開、合（起、運、轉、落），即起點→運行→轉換→落點。腳掌，通到手，在腰要活，氣沉丹田。

第五，拆手。形於手指，功夫上手。

第六，分勁。不怕強力來欺壓，不怕手快來侵襲。

第七，入化。妙手一運一太極，空空跡象化烏有。

（2015 年）

談「傳統內功太極拳教學」

　　1. 明白傳統內功太極拳與現代太極拳之不同。用意不用力，借力發人，四兩撥千斤。

　　2. 衡量標準：不是多少式，是行氣、內勁，一招一式不為拳，拳拳服膺謂之拳，或者說心領氣行才是太極拳。

　　3. 如何練。

　　懷抱太極，腳踏五行。

　　左右抱球抱的是太極球。運行路線是太極圖，必須有中間的S線。

　　　　妙手一運一太極，空空跡象化烏有。

　　　　流通四肢若為勁，拘於一處就是力。

（2011年）

再談「如何練好傳統內功太極拳」

　　如何練好傳統內功太極拳，前面說過，我概括為四句話：

　　一學鬆，二練通，三會斂氣，四悟空。

　　鬆、通、斂氣、悟空四個是功夫，是臺階，學、練、會、悟是要求、練法。

　　首先要**學鬆**，這是基礎，是關鍵，也是練好傳統太極拳的入門功夫，這一步若邁不出，即使很用功，練出來的功夫也不是太極拳功夫。有人問，練槓鈴、舉重、打打沙袋行不行？如果說要學傳統太極拳內功，我就說不行，因為這些與傳統太極拳背道而馳。如果你認為「不用力怎麼打人」，那你就別來練，練了也是「白費功夫貽嘆息」，越練離太極拳越遠，離四兩撥千斤、借力發人越遠。

　　所謂「一學鬆」，什麼是鬆？怎麼鬆？如何檢查？這三個問題回答如下。

　　鬆就是用意念將肌肉放鬆，將韌帶伸長。將手放鬆就是能使手自己下垂，腕、肘、肩三關節撐開，自己好

像沒有手了。

【檢查方法】看胳膊抬起後是否能自然落下。可兩人相互檢查，一人托舉另一人胳膊，突然撤手，看對方胳膊能否隨之落下；也可以自我檢查，當能隨人所動時，就是鬆了。

其次**練通**，怎麼通？先練節節貫串，左右手力點貫串，在背上不要斷！這就是手的左右通。再練手腳相通，左腳到右手，右腳到左手，右腳到右手，左腳到左手，都要能「說上話」，能相通。經過這種節節貫串的練習，達到渾身的通，達到上下相隨，內外相合。

先可單練某一個拳架，如練雲鬆功（轉掌）、左右高探馬、雲手等。

再次是**斂氣**。什麼是斂氣？當能節節貫串時就會有氣感。什麼是氣呢？這裏指的不是呼吸的氣，而是體內的一種微妙的流動感。能節節貫串了，體內通了，身體內部就會有流動感，這就是內動，隨著自己的意念而動，想到哪兒就會動到哪兒。

所謂「以意導氣」「以氣運身」，先意動，再氣動，身體自然就動了。這是先天自然的，不是後天主觀的。比如說人累了，雙手一伸打個哈欠，張張嘴，這就是先天自然的。感到有點累，是意動，意動引發氣動（以意導氣），氣動引發身動，即伸手，張嘴（以氣運

身）。

　　平時跑步、做操都是「動動」，而不是以氣運身的「運動」。按中國古代認識，嚴格地講，體操和跑步不是「運動」，不符合先天自然的「運動」規律，只是「動動」。

　　氣感有了、通了，還要斂入丹田，即所謂氣沉丹田，聚氣丹田，再由丹田散入四梢（兩手指和雙腳）。當氣聚丹田時，身體是整的，能發人，此時身體猶如打足氣的汽車輪胎，別人一拳打向你，就像一錘捶在輪胎上，自動地將他彈出去。這就是「周身彈簧力」，就是《五字訣》上說的「氣斂」，此時毛孔全張，所謂「皮毛要攻」。

　　最後是要**悟空**。什麼是空？孫祿堂說「空空寂寂最難求」，空是身心都沒有掛礙了，通透了，心中空明，有一種懸心的感覺，周身更要空鬆，達到全體透空的境界。

（2011 年）

反思如何學好拳

我練拳六十多年，常常反思：怎樣才能練好太極拳？如何練？建議初學拳的人注意下面幾點。

1. 要學好拳架。學外形，要圓，要順，要暢通，身法要正，不偏不倚，支撐四方，不留絲毫僵勁；要柔，姿勢多少不重要。

2. 要有「內」，練內功，練節節貫串，所謂通，要有氣感，打通體內14條線。順暢，通達，自然。

3. 有了「內」以後，就要用意，內斂，達到體鬆、氣斂。

4. 悟空。能斂氣才能空，所以第四要空。空不是離開，不是躲避，「接手四梢空」，接的時候，外形上接了，實際上是力不接，也就是「接手分清敵和我，彼此之勁不混合」，不混就是空，能空就能發放，達到勁斷意不斷，意斷勁相連的境界。

（2014年）

練好太極拳的標準

太極拳打得好壞有標準嗎？我認為有下列三點。

1.輕靈。「一舉動周身俱要輕靈」，不拿架子，不死板。

2.節節貫串。「尤須串貫」，簡單地說叫通，這是根本。

3.神意足，精神飽滿，氣勢鼓盪。

具體打拳要求無缺陷，不蹲樁，不起伏。

左右貫通，一氣呵成。

練攬雀尾，掤要滿，捋要輕，擠要橫，按要湧。

（2016年）

內功太極拳的三個層次、四個步驟

三個層次：著熟、懂勁、神明。

四個步驟：一學鬆，二練通，三會斂氣，四悟空。

鬆：是前提、基礎、根本，是入門必經之路。要學好，要以鬆為貴，由鬆入柔，運柔成剛，最終達到剛柔相濟，有心練柔，無意成剛。

通：指節節貫串的鬆。這個節節貫串叫柔，要一線貫串，要練到路路通，14 條通道都通。先一條條通，最後路路通，隨便通，身體任何部位都可以是起點或終點，到達「如環無端」，混元一體。

斂氣：會斂氣就有開合，就會合著打，就能支撐四面八方，蓄放自如。

悟空：空空寂寂，混元一氣。

（2016年）

談「上下相隨」

上下相隨是汪脈七個臺階中的第三個臺階，學完拳架，運行過程中手與腳要相應、相連，過去叫手腳「說上話」，右手一動，要與左腳相連，叫「上與兩膊相繫」。

最常見的病叫兩截子拳，上半身與下半身不能貫串，是斷的，比如：下落時不是一節節地下落，而是「膝一彎，胯一坐」，勁在胯部和膝處均斷了；前進時，兩腳不是先上再下，走「過山車」的運行，而是平移，前膝一彎，後腿一蹬，沒有節節貫串，走的是平行四邊形。

打拳時，必須立身中正，虛靈頂勁，氣沉丹田。走架時，前進頭頂雖是平移不起伏，但身體卻不是平移胯，而是兩腳走山字起伏，即楊禹廷教學中的12345→54321的加減法。即腳掌→腳腕→膝→大腿根→丹田，再從丹田→大腿根（另一側）→膝→腳腕→腳掌來換虛實。

（2016 年）

談「內外相合」

要談內外相合，首先要明白，內指的是什麼，外指的是什麼。拳譜上講，「意氣君來骨肉臣」，其實內就是指意氣，外就是指骨肉；內是主要的，外是輔助的；確切地講，內是意氣、神，外是肢體、四肢肌肉。

太極拳怎麼練？外形動作是引導，引導入內，中醫用藥講「引子」，是入門之法，所以要打拳、走架，透過這種運動來體會體內氣的流動，最後要以意來導氣，以氣運身，這樣就回歸到原來自然的狀態，叫「返後天為先天」。

所以，練外形不是目的，目的是由外動體悟體內相應的運行，然後返回到用意來引導外動，最後回歸到自然而然的條件反射，達到「自己也不知道是怎麼回事，山青水靜，盡性立命」的狀態。

所以朱懷元老師講，凡練太極拳，應明本身的內外之別、內外之分的內，即人體內部的神、意、氣；所謂外，即手足、肩肘、腕、腰、胯等。神、意、氣雖無形，卻是身體的本質。神、意、氣充實，身體強壯；

神、意、氣虧損，身體必虛弱。因此，練拳必須先以培養內功為主，使神、意、氣充盈，並發展到外形，所以練拳時，必須發於中，形於外，達於四肢，以意導氣，以氣運身，就是這個道理。

內外相合，以內運動外形，要動內外都動，要轉內外都轉，要開內外都開，要合內外都合，這樣才既練了內功也練了外形，練一天有一天的收穫。如果不明白內功運行外形，單純地去練外形，內氣不充實，無支配引導外形運動、姿勢變化的力，這樣練下去，有損無益，練功越勤，身體虧損越大，慎之！慎之！

另外需要說明的是，雖然內開外也開，內合外也合，但運行的部位、時間、速度都是分開的，不在一處，到落點時才合在一起。

（2015年）

談「意氣相合」

　　打拳過去叫「走架」「行拳」。太極拳走架一是鬆隨；二是節節貫串，一線貫通；三是意氣相隨，又叫「合著走」。第三條是最難的，也是高深功夫，是不易說清，又不易看出的，有了意氣相合才能談技擊，談揉手，不然全是空談、白練。

　　那麼什麼是意氣相合呢？過去講的比喻是很確切的，如水中游泳，手有阻力感，這需自我體悟。以攬雀尾的掤、挒、擠、按來說：

　　掤時的漂浮勁，如水負舟行（漲）；

　　挒（提）時引進落空的沾黏勁（吞）；

　　擠的捲勁（彈）；

　　按時潮水湧勁（抹墻）。

　　練拳走架要鬆（隨）、靈（通）、合（意氣相合）。

　　　　　　　　　　　　　　　　　　　（2013年）

什麼是內外合一

「發之於外謂之形，含之於內謂之意」，含在內的意可發之於外，發到外的形則可含之於內，這就是太極拳的內外合一。

中間靠行氣來貫通，即以意導氣，以氣運身。這個要靠自己體悟。

（2013年）

什麼叫「拆手」

汪永泉說太極拳有七個臺階，第五個叫「拆手」。

那什麼是拆手？原來練拳要把掤、捋、擠、按和採、挒、肘、靠八法練好、能應用，就要先練四正手（掤、捋、擠、按），學「打輪」就是練四正手。練完四正手，要練採、挒、肘、靠四隅手，即大捋，大捋後就拆手。所以拆手是指拳式的自由運用，或叫「散手」。關鍵在功夫上手，所以，談手的應用不是打人，是指方向，練拆手後才能應敵。

第六個臺階是「分勁」，最後是「入化」。只有學好拆手和分勁才談得上用，前面四個臺階是入門和基礎，到了第五、第六個臺階是關鍵，所以說：「拆手分勁是真傳，拆手並非用手攔，分勁原為求化合，拆手分勁是神奇。」

（2013年）

談「功夫上手」

楊家汪脈太極拳的傳承強調「功夫上手」，什麼是功夫上手呢？就是要將身上練出來的功夫體現到手上，古拳譜上說「形於手指」，也是這個意思。

有人要問：「怎麼才能功夫上手，從手上體現出來呢？」有三個階段：第一階段是要「手帶腰」「手帶身」「外帶內」，達到「以手帶身任逍遙」的境界。此時練的是活腰，這在過去是秘而不傳，只內傳弟子的。吳圖南的愛徒楊家倉對此有點疑惑，反覆問吳圖南，吳就大發脾氣：「你如果不信我說的，你就走吧，不要跟我學了！」現在有人還不信，還是用腰帶手，所以我也只好「天長地久任悠悠，你若無心我也休」了。第二階段是「丹田氣上手」，由養氣、聚氣、行氣上手。第三階段是意上手，只一想，意念一到功夫就到手上。

能功夫上手，就進入了傳統內功太極拳的中層功夫，即意到、氣到、力到的地步。

（2011 年）

虛實分明的練法和檢查方法

　　練太極拳要求虛實分明，虛就是虛，實就是實。以兩腳來講，虛腳漸變成實腳，實腳慢慢變成虛腳，這一過程中，有兩點要強調。

　　首先，這是一個漸變的過程，楊禹廷的說法是「加減法」。比如兩腳平行的起勢，是五五開，兩腳上都是五，在變化過程中，如重心到右腳，右腳就漸漸加：六、七、八、九、十，而左腳就漸漸減：四、三、二、一、零。此時右腳成十（實），左腳是零（虛），叫加減法。前後弓步也是如此。

　　其次，武式太極拳大師郝少如在晚年完成的著作《武式太極拳》中，特別寫了一條「三虛包一實」的要求，要求一隻腳實，另一腳和兩手虛，形成三虛包一實。這三虛包一實對我太極拳功夫的提高實在幫助太大了，我現在也要求學生必須練三虛包一實。檢查方法是當你虛腳提起時（要腳掌平提，不能腳後跟先提），身體不動；身體若動了，就說明前腳還沒有完全實。

（2013年）

練好太極拳要「三無」

練好太極拳需「三無」，即無形、無象、無根。

太極拳講究從大圈到小圈，到無形圈，最後到無形無象，全身透空。

張三豐著有《無根樹》道詩24首，他強調的「無根」含義非常深。

太極拳要從有根進入無根境界，練拳和推手發人，都不能有根，要「飄飄蕩蕩浪裏鑽」，如天上白雲、河中流水，都是無根的。朱懷元老師要求我打拳、揉手都要「腳踩荷葉」，這都是說的無根。

（2013年）

太極功夫的一些具體檢查方法

　　總則：檢查有沒有「內」，內不動只有外動不是太極拳。

　　一接觸，就在對方腳跟（我不用力）。

　　對方來力到不了我身上。

　　具體有以下幾點：

　　1. 搬攔捶（我能不用力繞過對方的直拳）。

　　2.「串糖葫蘆」，不管怎麼都能串上對方。

　　3. 不怕對方推胸部，能錯開力點。

　　4. 不怕對方拉手（手像軟繩）。

　　5. 手式與身形分清（手動身不動，身動手不動）。

　　衡量標準有以下幾點：

　　1. 有沒有內動（抱球練）。

　　2. 通不通，順暢不順暢。

　　3. 斂氣，會不會斂，氣足不足。

　　4. 關節靈活不靈活。

（2011 年）

學太極拳過程與羽化

　　大家知道，蝴蝶是由小蟲羽化而成，蟲子是不能飛的，在漸漸成長的過程中，變成蛹，破繭而羽化，遂能成蝶飛舞。

　　太極拳練推手，練知覺運動，就如小蟲成長的過程，到了懂勁而進入神明就是破繭成蝶羽化的過程。

　　小蟲想飛是不現實的，必須要由懂勁而階及神明，練拳不著急，只要堅持，日積月累，則水到渠成。若急於求成，揠苗助長，入不了門，是練不出太極勁的。

（2016年）

天下太極是一家，
練成之後一人一個樣

　　我之所以講我學的是傳統內功太極拳，一方面是講太極拳本來是一家，不分哪家──陳、楊、吳、武、孫；另一方面，與現在的「標準太極拳」是不一樣的。

　　我本人學過楊式、吳式多年，也學陳、武、孫各式，可是當年那些大師從來沒有分你是什麼式。

1. 劉晚蒼

　　1966年，吳彬芝老師介紹我到劉老師那裏學推手，我說我不會吳式，劉老笑笑對我說：「來吧，拳可跟吳老師（楊式）學，不用改。」

2. 沈家楨

　　1969年，我拜訪沈老，想學陳式，沈老說：「楊式挺好，不用改，我還跟楊澄甫學過。陳式的發力對養生不好，我都中風了，我老師也是七十多歲中風，連我師爺也是中風……你不用改，都一樣……」

3. 郝少如

　　1970年，我去上海出差，專門到郝老師家請教，

他要我打一段拳看看，我說我打的是楊式，他說：「沒關係，就楊式打幾個式子我看看，都一樣的。」

太極拳看起來沒什麼複雜的，幾個月就可學會一套拳架，但實際上想入門卻不容易，古語說「太極十年不出門」，可能幾十年也入不了門。

禪宗裏有一個公案「磨磚做鏡」，我借用來提醒我的學生，學太極拳並不是簡單地學會一套拳架就能入門的。

馬祖道一禪師當年在南岳懷讓門下學禪，他以為打坐就能開悟，於是很勤奮地每天都在打坐。南岳聽說有一個弟子不錯，天天坐禪，就來觀察。他看出馬祖道一是一個有根器的好苗子，但用功卻用錯了方向，於是就想辦法來點醒他。

南岳懷讓就拿了一塊磚頭，在馬祖旁邊的地上磨。馬祖聽見聲音，看見師傅在磨磚，就問：「師傅磨磚做什麼？」南岳說：「我磨磚做鏡子啊。」馬祖說：「磚頭怎麼能磨成鏡子呢？」

南岳就反問馬祖：「你在幹什麼啊？」馬祖說：「我打坐成佛啊。」南岳說：「磨磚既然不能成鏡子，打坐豈能成佛？」一句話點醒了馬祖。

這個公案的意思是，不要在外形上著相，佛不是靠

打坐的外形就能成的，關鍵是要領悟內在的東西。同樣，我們學太極拳，學拳架是第一步，然後要有內，內動、內氣。第二步能內外相合，上下相隨，這時才算入門。三年、五年，十年、二十年，因人而異，不是天天練就能練出來的，所以說「入門引路須口授，功夫無息法自修」，要老師指方向，自己努力去體悟。

我一直不想寫書，原因有二：

其一，我總覺得自己是個業餘愛好者；

其二，太極拳說不大清楚，說出來的易被誤解，所以有人說，說清楚了，實際上就說錯了，太極拳是有無之間的東西，有了著相，無又落空，以虛實來說，虛就丟了，實又僵死了，在虛實之間，所謂「虛虛實實神會中」。

（2015年）

教學生有感

　　有學生已經學了八年，今感他們已入門，主要是體會到了用意不用力。什麼叫用意？一接手，外形不動，意會動，就有「似笑非笑，想尿未尿」的感覺，圓襠、咽口水，此時就能體悟什麼叫用意，此時周身舒坦、渾噩一氣。

　　還有蓄發問題，先蓄後發，蓄時自己撐緊、收緊；對方腳就起來「幫著對方打自己」，就在這過程中又通過鑽翻發出，一定要時時用意，處處貫串！記住此完全是意，不能用力，越輕越好，記住輕則靈，靈則動，動則變，一變就有了，就可發力了。

（2016年）

附　錄

附錄一　太極拳與站樁

陳耀庭

　　大多數太極拳愛好者練拳不站樁，其實站樁是太極拳功夫的重要組成部分，既養生又出功夫。在清代太極拳秘譜中有「對待用功法守中土——俗名站樁」一節，說練守中土、練中定勁的重要，「所難中土不離位」「定之方中足有根」。太極「八卦九宮樁」譜中說：「樁原為練靜力，必須靜中寓動。靜為太極拳之體，動為太極拳之用。」

　　我從多年練拳、教拳的實踐中深深體會到，站樁對太極拳理解的加深和功夫的提高，有十分重要的意義。

　　下面簡單介紹太極拳的基本樁式。

　　太極拳的樁式很多，可以說式式皆樁，但基本樁式是無極樁和太極樁。

一、無極樁

　　太極拳預備式即為無極樁。楊澄甫在《太極拳體用全書》中講道：「立定時，頭宜正直，意含頂勁，兩眼

平視，含胸拔背……守我之靜，以待人之動，則內外合一、體用兼全。」又說：「人皆於此勢易而忽略，殊不知練法用法，俱根本於此。」

正說明此式的重要，應該單練，細心體會虛領頂勁、沉肩垂肘、鬆腰鬆胯、氣沉丹田的意境和自我控制、調節的能力。呼吸要自然，先呼後吸，呼氣時想鬆，自頸、肩、背、腰、胯節節下鬆，直到腳掌。吸時心靜，含胸拔背，節節上提。一呼一吸，一下一上，是練習上下之圈，以練鬆沉為主。

二、太極樁

由起勢，雙手提至胸前抱球，掌高與胸平齊，如抱氣球，五指鬆開，大拇指指天，沉肩垂肘，空腋窩。

此式主要練撐抱勁，三分撐開意，七分摟抱勁。呼為合、為鬆，好像氣球癟了，自己變小了。吸為開、為掤，好像氣球向四周漲大。除練開合撐抱外，再將無極式的升降練習加入，即呼氣時下沉，節節貫串往下鬆，狀如沉入海底深處；吸氣時含胸拔背，虛靈頂勁，想像自己從水底上浮，飄上天空，直上九霄。這樣，太極樁一個式子可將無極樁包含在內。

站樁要鬆隨，切忌刻意追求，萬萬不可用力用勁。要有「心似白雲常自在，意如流水任東西」的灑脫意

境,懵懵懂懂,如夢如幻,讓思想飛越太空,這樣來養神、養氣,久而久之,自然可得內氣,產生內勁,自己會感到有一種生生不已、欲罷不能的奇妙感受,這時就領悟了站樁的奧秘,會有「氣若長虹猶貫日,欲將宇宙抱懷中」的豪邁情懷。

下面用四句話來概括太極樁練習的要領。

樁功全在一抱中(開合收放,均在撐抱),

莫求新奇找舒鬆(刻意追求,萬萬不可)。

內動得自有象外(動中求靜,靜中寓動),

功成妙在無意中(有心練鬆,無意成剛)。

附錄二　談談太極拳先師們對腰胯練法的要求

陳耀庭

　　練好太極拳，腰胯是關鍵，這是大家都知道的。綜合現在許多人的練法，似乎與太極名家大師的練法要求不同，甚至是背道而馳的。我把過去近六十年來跟先師們學拳時聽到的、見到的關於腰胯練法的要求寫出，以供太極拳愛好者參考。

一、牛春明對鬆腰胯的要求

　　牛春明是太極拳界著名的老前輩，拳藝精湛，20世紀20年代隨楊澄甫南下，後留在杭州。新中國成立後周總理曾安排他給毛主席教拳，平時在西湖邊的六公園教拳。

　　牛老師教拳十分認真，要求嚴格，是釘是鉚，一絲不苟。記得有一位中年男子，一打起勢就下蹲，老師教他不要蹲，他不改，老師急了，手指著公園邊的廁所

說：「要蹲上那兒去！」他膝蓋往前一跪，老師轉過身來，對大家半開玩笑地說：「你們要跪，回家拿塊搓板，到老婆床前去跪，我這裏不用跪。」

這件事，使我知道了蹲跪和鬆腰胯完全是兩碼事，對我一生練拳都很有裨益。

二、楊禹廷要求打拳體會「毛驢拉磨」

記得 20 世紀 60 年代，我與拳友陳惠良去拜訪楊老，請教他如何打好太極拳時，他說：「盤架子要像毛驢拉磨那樣。」

為什麼要像毛驢拉磨那樣，當時並不理解。隨著歲月的流逝，深感這是練太極拳的原則，是基礎，是方向，越來越感到這一點撥的金貴。

毛驢拉磨是指：我是磨，毛驢拉著我轉。這樣就能鬆腰、活腰，隨著毛驢轉，不是主動轉，是被動轉。

打太極拳與拳擊、摔跤不同，腰不能用力。如果腰用力，腰帶手，腰就僵了，錯了。

拳譜上說腰要「活似車輪」，要知道，那時候都是手推車、牲口拉的車，輪子都是被動轉的，不像現在汽車、摩托車的主動輪。毛驢拉磨是太極拳用意不用力的具體練法，這裏的「毛驢」就是「意」。

三、吳圖南要求「外帶內」「梢帶根」

有一次，拳友陳惠良跟我說，吳老師跟楊家倉發大脾氣了，起因是楊家倉問吳老：練太極拳是「外帶內」還是「內帶外」，「以梢帶根」還是「根帶梢」？結果吳老很生氣地說：「這個問題你問兩次了，明明告訴你是外帶內，梢帶根，你不相信我，走人啊！幹嘛還跟著我！」那時楊家倉跟吳老已多年，而且學得很好，還在北大教拳，吳老生那麼大的氣，使我立即意識到，這個問題一定很重要。

後來就清楚地明白了，這跟楊禹廷說的毛驢拉磨是一個問題，如果不外帶內、梢帶根的話，腰是死的，永遠也練不出太極勁，借不了力，不可能四兩撥千斤，所以吳老急了。

四、汪永泉、朱懷元要求「不得蹲樁」「不要塌腰」「盤架子要用腕子」

20世紀七八十年代，我和余桐和先後向高占魁、朱懷元學拳，高老師和朱懷元是汪永泉最早的四大弟子中的兩位，余桐和的父親和汪永泉、朱懷元是協和醫院裏工作多年的老同事，關係好。一天余桐和拿來了一本手抄小本子——《揉手須知》，是朱懷元向汪永泉學拳

的手記小本本，我把它視為珍寶。

小本子的第二頁一開始就強調「不得蹲樁」「雙手只負責給腰勁開門」。汪老說，「腰不能塌」「腳不要踩死」「盤架子要用（手）腕子」，還特別強調意氣的作用：「要明確，內氣是主導者，主動力，外形姿勢是被動者，是被領導者，兩者都要受意的支配。」（見劉金印《汪永泉授楊式太極拳語錄與拳照》一書。）上面這段話正是對拳譜「意氣君來骨肉臣」很好的詮釋。

五、結 語

我認為，要學好太極拳，首先要明確學什麼，如果要學借力、四兩撥千斤，你就要練用意不用力，就要好好體悟上述大師們的教導，他們的苦口婆心；不要蹲樁，要用意領，用梢帶，腰要活，不可用力……如果說「以心行氣，以氣運身」不好理解的話，我想上述大師們的比喻是很容易懂的，問題是去不去那樣練。

朱老師說：「不準用力，不得在對方身上亂找亂問，更不可用手推人拿人。」他教出了許多太極拳高手，如李和生、石明、朱春煊等，說明他的教學是足有成效的。

如果有人要問我如何才能練好拳，我曾在中國太極拳網成立座談會上，題寫了下面四句話：

兩手春風拂楊柳，雙腳猶如踩浮舟，

　　南屏晚鐘懸百會，靜聽宏音揚全球。

　　意思是說：兩手不但要像楊柳那樣隨風飄拂，更重要的是，它是被春風吹動的，是被動的，春風是意。雙腳不要踩死，要有騰挪之勢，好像在船上，即拳譜所說的「飄飄蕩蕩浪裏鑽，上輕下沉不倒顛」。

　　第三句講的是身形要正，像口懸掛在寺廟裏的銅鐘，發散著聲波，而自己內心要靜，意要隨，不要想打人，不執著追求什麼，隨宏偉的音波散向太空。

附錄三　時時用意，處處貫串
——憶我的老師劉晚蒼

陳耀庭　口述　季培剛　整理

　　我跟劉晚蒼老師的時間比較長。從「文革」初期，1966年底那時候就跟了。老師原來在地壇，我幾乎每天都去，所以，他給我的東西挺多。我原來是學楊式的，但是，吳式的東西對我幫助也特別大。劉老師人特別好，大家尊稱他劉三爺。那時候去他家裏，他還將自己畫的畫兒送給我，又送了我書，每次都特別客氣。

　　三爺以前收了四個徒弟，「裁縫趙」趙興坤、王舉興、馬長勛、趙德奉。實際上我當時跟馬長勛、趙德奉談得來。趙興坤、王舉興他們倆勁兒足，身體棒，大冬天拿著鐵棍在雪地裏轉八卦掌，真的下工夫。

　　我學的時候，「文革」開始了，沒能遞帖拜師，那時候不敢遞帖子，我要拜的話，老師也不會讓我拜。其實拜師這件事，老師認了就行了。我認了劉老師後他給了我很多東西，我也很尊重我的老師。

在地壇那時候，外面把他傳得很神。有一天，我從地壇的西門進來，聽見有人說：這兒有個劉三爺，功夫怎麼怎麼好。有人說，怎麼見不著他啊？說是晚上輕功就飛進來了。這些東西當然不符合事實。但是，這說明劉老師做人非常低調，他當時在群眾當中就是不願意太多地拋頭露面，外場上不大見到他，有的人就把他看得特別神。

　　劉老師那時候生活條件差。改革開放後，我記得香港有人請他去教拳，我就勸他去，他搖搖頭說：「不去。」他還是很謹慎的，為人也特別低調。比如說，劉老師很多過去的情況，如他在西安教拳的情況，他在世時我都不清楚。我以前就知道「大槍劉」，國術比賽他贏得大槍第一，後來我跟老師學了很多年，才知道「大槍劉」就是我老師劉晚蒼。劉老師從來不說自己怎麼好，怎麼厲害。後來，看到劉培一寫的一些關於老師的情況，我才清楚。功夫那麼好，外面那麼重視他，他自己卻從來不說。

　　劉老師當年去見日本代表團，他就特別謙遜、客氣。照的照片，他總是站在後面。我到北京圖書館查日本報紙，日本報紙登了，說有幸在北京見到了「中國劉」，可是我一看照片，他老排在最後面。

　　北京市吳式太極拳研究會剛成立的時候，那麼多人

都想當第一屆領導，他就是不願出來，結果後來其他老前輩推薦，非得讓他當會長，他才答應當北京市吳式太極拳研究會會長。

武術界也有些不好的現象，如人與人之間互相貶斥得非常厲害。道家的東西，是比較講究清靜無為的，對名利應該看得淡一些。劉老師就是非常好的榜樣。所以，我跟劉老師學拳，也學做人。那時候，開始就是為了學點推手、技擊上的東西，但後來，由長期的接觸，我不光是佩服劉老師的功夫好，他的為人也深深影響了我的人生，我覺得他各方面都是楷模。學拳，還得學做人。做人的德有了，拳才能出來。

我跟了老師20多年。劉老師走的時候，我知道消息，但我正要出國，第二天就要上飛機到國外去。那時候出國非常難，要蓋36個大印。那時出國的很少，我們學校書記什麼的都來送，送到機場。沒有辦法，只好拿了幾百元作為治喪費轉交給他家人。這個事情，我到現在心裏還感到很抱歉。所以，這是我一直感到遺憾的事兒，最後沒能趕去見一面。

我自己覺得我確實是個不適合練武的人，我把太極拳看成是一個文化傳承。我覺著過去那個武功概念「打遍天下無敵手」，在現在來說已經過時了。我學太極拳，憑良心說，沒有想要求什麼名，也沒有想要得點什

麼利益。我在學校工作，國家待遇都挺好，有退休金，各方面都挺好，還要這麼個名幹嘛？但是這是文化傳承。我原來不出來教拳，後來不少人都來找我，說你歲數也不小了，應該傳承傳承，我就出來說兩句。遇見功夫好的，我就向他學學，但是路子不一樣的咱們也客客氣氣。

　　我就老說：有的人喜歡搓麻將，有的人喜歡下象棋，有的喜歡聽京劇，有的喜歡聽音樂……都好。但是，我覺著太極拳本身追求的不是打遍天下無敵手，而是用意不用力。很多人就不信，不信就拉倒。

　　我覺著我自己不行，可真跟他們一比畫，用意不用力還真的能管事兒。實際上，我們求的是人家用力來，我後發先至。你來了，我不接你，就不接勁兒。在接觸的一剎那，讓你先發，我是後發制人的。練拳方向正確了，才能入門，才能有所長進。

　　原來推手時，我推誰也推不過，我當時總不知道是怎麼發勁，不知道怎麼化，就老老實實跟老師那麼練著。慢慢理解了，就是老師說的，時時都用意，處處要貫串。

　　我和孫連順老師都是跟劉晚蒼老師學的，我們關係特別好，他原來也是想勝人，想勝人，力就大，他那麼一進來，我也化不了。後來有一次，我覺得反正我化不

了，那就算了吧。這時他竟說：「你這勁真好！我害怕，我進不了了。」這時我才恍然大悟，一鬆，人家就進不來。後來，我們就摸索這個，才發現鬆得好，裏面通得好，人家就是進不來。

所以這個東西，也要同道之間互相研究，相互提醒。「你這裏不好，丟了。」「你這東西好，我進不來了。」不是這樣的話，就難以長進。你越著急人家來勁，你越化不了。自己有了，自己卻不知道，需要對方說，提醒你。所以現在我給他們餵手，我說：「這就有了。」「真的嗎？」他們自己就不信自己。就是要這樣，互相說，告訴對方。

現在，真正有太極的東西的傳承很少，外頭學太極拳的，大都還是以力勝。能夠以心行氣，用意不用力的，很少見。道家就是無為才有為嘛。你想打人，打不了人；你不想打人，竟彈那麼遠，它就出來了。你越想打，這個勁就在手上都露出來了，露出來你就受人制了。你覺得他不想打你，就鬆了，他一來，摸著這個東西，你這時候就有個條件反射，後發制人。一摸，他自己就「當」地出去了。

到底怎麼打人的？自己確實不知道。有人說一些什麼槓桿原理等科學原理，實際上不全是那麼回事，意和感覺才是關鍵！所以，過去老前輩不就說嘛，「拳無

拳，意無意，無意之中有真意」。你在無意之中發出來的那個東西，才是真正的太極內功。

確實是這麼回事。我一想打人，就僵了，僵了就什麼內勁都通不出來了。你放鬆了，他過來了，摸你，你只要往裏面想，從手上就順出去了。所以呢，這一定要經過長期的訓練，而且一定要建立在不想打人的基礎上面，才能發勁出來。我特別想對急於求成的年輕人說，你們學太極拳，專門練發勁是不行的。這個東西，歸根結底，還是要歸結到輕靈上面。

現在我還是覺著太極拳是有科學原理的。因為我曾經看了一本書，它主要講什麼呢？人的大腦分左腦和右腦，中間有傳感神經相連。美國有個醫務工作者，他就發現這兩個腦是不一樣的。有癲癇病的人就是老祖宗留下來的，一代一代遺傳。他把一個癲癇病人左腦和右腦之間的傳感神經剪斷了，這個人就沒有遺傳病了，阻斷了。所以，他得出一個觀點來，就是左腦是後天的腦，生出來以後，學語言，學動作，學說話，認人，這就是左腦。右腦呢，是老祖宗留下來的。所以，簡單來說，左腦是後天腦，右腦是先天腦。

他那個發現拿了諾貝爾獎。人類幾千萬年來累積的東西都在右腦裏面，如果能把右腦開發好的話，就非常聰明了。聰明的人實際上就是右腦發達。貝多芬的音樂

天賦，那不是老師後天教出來的；愛因斯坦的好多科學發現也不是他老師教出來的，而是先天就有。開發右腦，對人類的貢獻會非常大。

這個醫務工作者還發現，左腦運行的時候，右腦就不運行；左腦不運行的時候，右腦才運行。但是右腦運行的時候，左腦不運行了，它又不知道。那麼有沒有處在這兩種狀態之間的時候？左腦還沒完全休息，右腦又開始接上了，如果有，那麼這個時候是最好的。這個時候是什麼時候呢？就是半睡半醒的時候，冥想、遐想之中。很多的科學研究，就是在躺著的時候、在發呆的時候，哇知道了！在公園裏散步的時候，放鬆的時候，知道了。渺渺茫茫、恍恍惚惚當中出來的東西，是最好的東西。我就覺著我們道家早就發現了，大象顯於恍惚。我一想，哎呀，真是太有道理了。冥想、遐想、靜坐、入定，都是在這個科學當中。

我認為，人的智慧發展，就在這個左腦右腦之間。中國文化都是實踐經驗、實踐發現，也是經由實踐解決了這些問題。

現在人用左腦多，可是學太極拳卻能開發右腦。我推手發人，我跟你們說我實在的感覺，我也不知道是怎麼回事兒，我就覺著太極拳講靜，靜到左腦停下來，又沒完全停下來，但是右腦又有感覺了，就在這時候你過

來，先天的東西就自然地出來了。

　　我認為，學太極，首先要學靜。靜的時候才能進到那種境界。太極拳講究後天返先天。這是我自己的感悟，我認為只有這樣才能學到。打太極拳一定要靜，《五字訣》中就說了「一要心靜，心不靜則不專」，靜了才能鬆，站站樁；可是站到完全睡著了也不行。靜了以後才能悟，什麼叫悟？靜了以後，慢慢地，左腦不太動了，右腦就開始活躍起來了，這就開始有悟的事情出來了。你要仔細一想，這怎麼回事？這時右腦又關上了，這又沒了。

　　我寫過一篇文章，叫《太極拳與智力開發》，詳細講了這些事。所以，太極拳講究似鬆非鬆，似有非有。你一定要在這個當中求。關於打拳，有人問：「陳老師，你說該怎麼打？」我說：「你就吊兒郎當打。」「你這個能打人嗎？」我說：「你先別管能不能打人，將來你自己還不知道怎麼回事兒，人家就出去了。」

　　我在科學研究上有過一些成就，國內外發表過一百多篇科學研究論文，獲得過不少科技成果獎。我認為太極拳對我是有很大幫助的，它讓我學會了靜，學會了放鬆，學會了思考，學會了更好地做人。

附錄四
劉晚蒼老師永遠在我心中

陳耀庭

20世紀60年代初，我剛回國，劉晚蒼（人稱劉三爺）以傳奇的功夫，早已聞名遐邇。只是我無緣相識。

一、拳藝精湛

1967年夏，「文革」已進行了一年，北京市內的中山公園、勞動人民文化宮、筒子河等處的練拳場所，紛紛受到衝擊，大家只好轉移到地壇等當時靠近北京城郊的地方繼續練拳。

跟崔毅士一起教拳的吳彬芝老師也來到了地壇公園。吳老師熱情地跟我說：「要找三爺，我給你介紹！」他帶我到了地壇西南角的小柏樹林中，對劉老師說：「我給你帶了個學生來，小陳是北京化工學院的老師，曾跟牛春明、崔毅士學過楊式，喜歡推手，你教教他吧！」劉老師熱情地說：「行！」聊了幾句就讓我摸

摸手（即推一推手），我右手一伸，手在他胸前就像被粘住似的，被拿住了！我還沒有反應過來怎麼回事，已被發出一丈開外。

回轉身來，老師讓我再推，我一伸左手，我的手腕像吊上了繩子，被拉了一下，一下往左栽了過去，他順手一把拉住我，翻手又把我拉到了他的左邊，我連蹦帶跳，跳出去好幾步，才被其他學生接住了。真是百聞不如一見，我心中的敬意油然而生，從此跟隨劉老師學拳十幾年，直到老師逝世。

劉晚蒼老師推手，氣勢宏偉，動作舒展，真有雄鷹的豪邁氣概。他全身都能拿人、放人。放時確如拳譜所說「發人如放箭」，一發丈遠。人說：「高手拿梢，平手拿根。」與劉老師接手，只要手一碰到他，無論他是手接、臂接、身接還是胸接，你都會感到由手梢，全身都被他拿住了，外人看不出，但伸手的人自己明白，真的有點「神」！

一次，我伸手抓他的腕，還未抓實，他手腕往胸前一鈎，我頓感其腕中發出一種不可抗拒的爆發力，心中一怔時，已被發出十幾步外，真是整、穩、狠！我驚問：「這是什麼勁？」劉老師笑著說：「單鞭。」後又輕輕地補充一句，「這叫摘花掐葉」。此情此景至今還歷歷在目，後來單鞭也成了我最喜愛的手法之一。

二、 拳理深邃

大家都知道劉老師拳藝高超，都說三爺了不起，但他從不高談闊論。由於他平時少言，又很謙和，總說「我文化不高，說不好」，所以一般人都不知其實他對太極拳理也瞭解得十分透徹、深邃，並有獨到的體悟。

記得1980年春，我到老師家裏去，他說自己在上海出了一本書，書名叫《太極拳架與推手》，上海教育出版社出版的，黃皮，內有附圖。他送了我一本，當時就翻開首頁，為我簽字留念：「陳耀庭同志惠存，劉晚蒼贈，一九八〇年三月。」談話中他殷切叮囑我，要認真體悟經典拳論。回家後，我讀了他對《太極拳論》的詮釋，喜上心頭，老師對太極拳理體悟如此深邃，令我茅塞頓開。我十分珍愛老師的這本書，至今仍經常反覆閱讀，令我終身受益。

他在原書第103頁《太極拳論》的詮釋中寫道：「《太極拳論》分上下兩段，上段（從『一舉動，周身俱要輕靈，尤須貫串……』到『凡此皆是意，不在外面。』——筆者注）主要講體，下段（從『有上即有下，有前即有後……』到『周身節節貫串，無令絲毫間斷耳。』——筆者注）主要講用。體中講氣、講神，要求全身圓滿、完整，並指出主宰於腰，關鍵在腿。用中

講虛實關係，舉上下為例，具體說明其應用，而意味著前後左右都類似。但無論是體還是用，都必須在『貫串』和『用意』兩處下深功夫。時時用意，處處貫串，拳架如此，打手也如此。」

我一直把老師的「時時用意，處處貫串」作為自己練拳的座右銘，功夫明顯快速增長。如今我也用此教導學生，得到十分良好的教學效果。

劉老師對《太極拳論》的詮釋，是他畢生對太極拳求索的體悟，是寶貴的遺產。劉老師不但拳好、字好，畫也畫得好，蘊含著大雅風範。

三、　德高望重，武德典範

劉老師的口碑很好，眾人贊頌，確可謂「德高望重，武德典範」。他從不褒貶他人，也不準學生們對別人說三道四、品長論短。他為人謙和，和藹可親。他淡泊名利，雖生活清苦，教拳從不收受學生的錢財。那時他在一家工廠裏看倉庫，天天夜班，下了班雖然很累，但仍是每天早上九點多就來教拳，到上午十一點才走。他教拳重實踐，總要一一和學生推手，一個不漏。所以他教的學生雖然不多，但都提升很快，收穫很大。

我還清楚地記得，改革開放後，香港有人重金請他去教拳，他婉言謝絕了。我也建議劉老師去，因為當時

去香港教拳，一可改善他自己的生活，二可擴大老師的影響，但他只是搖了搖頭，微微一笑。

20世紀80年代，日本太極拳代表團首次訪華時，國家體委找他，讓他去接見，他從無二話，不講條件，每次都自己騎自行車去。他為人謙和，他的高超技藝也使日本代表團為之折服。我後來曾在北京圖書館查閱到了當時日本報刊的相關報導，其中記載日本代表團回到東京機場時，代表團團長曾對記者說：「我們有幸在北京見到了『中國劉』。」劉老師去北京體育學院教拳時，也總是自己坐公共汽車去。

劉老師雖已離我而去了，但過去的一切我仍記憶猶新，他精湛的拳藝，高尚的武德，將永遠銘記在我心中。

附錄五
憶高占魁老師的高超拳藝

陳耀庭

　　20世紀70年代，北京太極拳界不少人都知道，汪永泉有五大弟子：朱懷元、孫德善、張廣齡、高占魁、孫德明。我雖聞其名，但無緣見到他們。那時和我一起練拳的有孫連順、余桐和等，我跟余桐和不但認識，而且也推過手，他是鉗工，人高馬大，我那時已練了二十多年太極拳，個子雖然不大，但比較靈活，所以我們倆是「你推我動動，我推你動動」，各有輸贏。

　　有一天聽他爸說，小余子最近長得很多，我當天傍晚就去南館公園找余桐和了。沒想到一接手，我怎麼也進不去，而且他一拍，將我連根拔起，發得很遠！問他，才知他最近在和高老師學拳。我當即請他轉告高老師，我想拜訪、請教高老師。

　　1976年的一天，余桐和帶著我和陳惠良（吳圖南弟子）去拜見了高老師。當時的第一印象是，高老師身材瘦小，不像武術家，倒像個地地道道的老農。他穿著一件舊式布衫，眼睛卻很有神，一見面就熱情地說：

「聽說你跟我師大爺牛春明學過拳！師大爺功夫好，是高手！」稍稍問了幾句話後就說：「來！聽聽手，說不定我要向你學呢！」他說話隨和謙遜，我除倍感親切外，還挺不好意思的，我趕緊解釋說：「我是來跟您學習的，向您請教的！我只在公園跟牛老師學習過拳架，不到一年，也沒學好，什麼也不行……」

他盤腿坐在炕上，伸出右手跟我搭手，我也只好伸手順手一接，他馬上坦誠地說：「假接！怎麼什麼也沒有！來點真的……打壞了不用你掏錢，還向你學……」當時我也只好出點掤勁，哪知道，勁還沒有出來就被發出去了，彈到背後的門板上，整個屋子都嘩啦啦地響，我心想，重一點不就把門板打穿了嗎？他卻坐在炕上一動不動，還笑眯眯地看著我，好像什麼也沒有發生過……我問：您是怎麼發我的？用的什麼勁？「肘勁！」他毫不猶豫地立即回答了我。

高老師的拳藝不但高超，而且很有特色，我就選幾個我印象深的談談。

1. 肘勁

肘勁是太極拳八法中的一法，而肘勁的形式很多，有明肘、暗肘之分，還有橫肘、立肘、頂心肘，開花肘……高老師愛發暗肘，無形無象，一觸即發，外形上看不到，穿透力極強，一旦被他打上，整個人好像是被炮

彈打穿了似的，連根拔起，被發得很遠。他說，發肘勁時肩必須開，才能力由脊背、經肩催肘，由接觸點而擊發，冷脆、通透、驚彈！高老師特別重視肘勁的訓練，甚至要求我打拳用肘勁打。

2. 肩不開，胯不開，洗三到節三

每次去，高老師總說：「肩不開，胯不開，洗三到節三。」我知道，他要求我開肩開胯，但是什麼叫「洗三節三」，我不明白，他回答說，意思是你就甭學了！後來我才知道，「洗三」指小孩出生，「節三」是指人死了，換句話說，如果肩開不好，胯打不開，你一輩子也練不出功夫，打不好太極拳，推不好手，那就甭練了。高老師老是念叨這一句話，當年聽得多了甚至還有點煩，多年以後我才恍然大悟，這是基本功！

是鬆、通的要求，以後的功夫都要從這裏出來。肩不開就不會含胸拔背，談不上力由脊發；胯不開，就練不出提頂吊襠，鬆腰坐胯。我心裏充滿了對高老師的感謝之情，感謝老師不厭其煩的諄諄教導。

3. 身動手不動，手動身形定

高老師身形瘦小，一條腿還受過傷，但發勁特別整，穿透力極強。他常常提醒我，身形手勢要分清，如果分不清、分不開，混著來是發不好的。他說外面打太極拳的大都是身動，打的是身形。雖然身形厚實、力量

大,但我們要多練手勢,手勢須輕靈,因為肘勁是用手勢發的。靠勁用身形,身形手勢都得練,關鍵要分清楚。

4. 平勁

高老師的平勁特別輕靈、平和,但又不可抗拒,真好像是在一個天氣晴朗的日子裏,推著小船在水面上滑行的感覺,不像肘勁剛猛凶悍。平勁,顧名思義要求「平」,肩平、胯平、身形也要平,「平送腰胯」是要平地送出去……

記得有一年春節,我和李和生老師一起吃飯,席間談得高興了,說說手,我剛站起來一伸手,他順手一送,我咕咚坐了回去,我吃了一驚!平勁?他笑著說,朱懷元老師病了,讓我去高占魁老師那兒去學學,我去了一個月,學得還行吧!……

高老師的平勁確實很好、很奇特,但很難學。平勁很有講究,有實平、虛平之分,遺憾的是,現在很少見到了……

高占魁老師還有關於「中」的論述,關於分勁、尾閭上手等,本書中都有介紹,我就不一一論述了。我跟高老師學拳兩年多,時間雖不算長,但對我的太極拳內功認知,拳藝的提高,都有很大的影響。借此機會表示對恩師的感謝和對師兄、太極高手余桐和的懷念。

附錄六　懷念恩師朱懷元

陳耀庭

　　我年輕時一直喜歡練拳，跟許多老師學過太極拳，朱懷元老師是我跟的最後一位，也是對我影響最大，令我受益最多的老師，老師教的許多內容，不但我在書上沒有見過，以前聽都沒有聽說過，所以寫出來與大家分享。

　　20世紀70年代末，我隨余桐和、陳惠良跟高占魁老師學習推手。高占魁老師去世後，余桐和就去朱懷元老師那裏學拳，他去後進步很大，叫我一起去。其實我很早就知道，朱老師的太極拳打得很好，是汪永泉的大弟子，還培養出許多太極拳高手，如石明、李和生、朱春煊……我早就想和朱老師學拳。

　　余桐和的父親和朱懷元老師是北京協和醫院的同事，當然沒問題，但我怕朱老師不接納我，所以我就先托余桐和傳話，告訴朱老師我也很想去學，後來余桐和告訴我，老師同意了！我心裏特別高興。那時朱老師年事已高，我基本上是去朱老師家裏學的，每次都是先聽

老師聊天，談些瑣碎往事，說些拳理，再說說手，聽聽勁。

下面我把向朱老師學拳印象最深、對我幫助最大的一些感悟介紹給大家。

周身舒暢，萬法歸一

學拳首先要知道如何練拳，那些立身中正、虛靈頂勁、氣沉丹田等要領，對我們學拳多年的人來說早已背得滾瓜爛熟，卻不知道自己做得好不好、對不對、到位不到位。那時候沒條件，無法把自己的拳架錄成影片，自己也不知道打得怎麼樣。我就此請教朱老師，他跟我說，練太極拳要「周身舒暢，萬法歸一」，而且這句話反覆說過多次。開始我也不大在意，後來才漸漸理解到這句話的重要性、全面性和可操作性。

這是自我檢查太極拳練得對不對，樁站得好不好，以及推手時是不是能不丟不頂的好方法！對養生和技擊都十分重要。只有自己拳架要領做對了，全身心都放鬆了，能支撐四面八方了，才能周身舒暢！自從有了這個理念、這條要求，無論我練拳還是推手，明顯進步都很大。後來別人問我打拳要怎麼打，我就說，我是怎麼舒服怎麼打，在虛靈頂勁的前提下，「吊兒郎當」地打，要「心似白雲常自在，意如流水任東西」。

接手四梢空

朱老師不贊成「推手」的叫法，他認為「推手」這種叫法本身就違反了太極拳用意不用力的要求和原則，凡是在別人身上亂推亂找的人，一輩子也學不到太極勁，所以他主張把四手打輪叫「揉手」，他說過去叫「搭手」，也就是「接手」，要求「接手四梢空」。就是說，接手時不但接觸點要空，兩腳兩手都要空，不像一些流行的太極拳推手，要求兩腳要扎下去。

朱老師說兩腳要像踩在荷葉上，要求輕靈活潑。因此，我教學生推手時，要求他們「推手不用手，兩腳空空走，打點丟掉面，沒有就是有」，這也是從朱老師那裏得到的啟示。

接點不接面，接面兩不便

朱老師說接手很重要，輸贏往往就在接手的一剎那就定了，所以有許多有關接手的論述。朱老師十分重視接手時的點面變化，他說：「接點不接面，接面兩不便，偶遇面碰面，鬆開即時變。」

朱老師提出，接手時要認真體悟五個點，即聽點、問點、落點、發點和錯點。聽點就是接手時的那個接觸點。在接手時，對方摸不著東西，就會進逼欺壓你，你

不要跑，一跑就丟了，你就給點，但頂住也不對，要在點的周邊，沿著來勁的方向作為問點，問出對方的勁源。問出對方的勁源後，那個點就是自己要的發勁的落點，此時不要追問，輕鬆一拍一順，對方就會像皮球一樣彈出。所以九訣中說「發落點對即成功」！那什麼是錯點呢？當自己發勁時，發現對方功夫不錯，變化也快，還有頂勁，那時你必須錯開頂點，再發，這個可以錯開重新發出的點叫錯點。

那時候，老師不准我們亂推亂發，先要學「問送」，問准了輕輕放送，學好了才講、練點、斷、拍。要求是「千招變化中心在，全在一接點中求」。

朱老師還給我詳細講解了接勁端、點勁源、化勁端、制勁源，隱勁源以及彈簧勁的揉手五步要領，對我理解和掌握揉手的內涵幫助很大。

朱老師關於點的論述豐富而詳盡，留下了極其珍貴的太極文化遺產。

肘化一大片

我在高占魁老師那裏學拳時，已經領教了肘勁的威力，透、脆、悍！朱老師的肘勁特別細膩、精微而純淨，沒有絲毫的拖泥帶水！朱老師不像高老師那樣將我發得老遠，他總是坐著，右手輕輕握著我的右手，發肘

勁時我會原地蹦，還用左手輕捏我的右肘，笑著告訴我：「壞包，壞包在這兒！」我明白這是在給我說肘勁，餵肘勁，他發的是肘勁！那時候我和余桐和都很喜歡發肘勁，也已初步掌握，但分寸拿捏不準，控制不好，有時候不注意發重了就把別人打個跟斗。但是朱老師告訴我，肘勁不僅是用來發人的，也可以用於化，而且效果很好！他說：「肘化一大片。」這句話我從來沒有聽說過！他告訴我，當別人捂著你的時候，你可以用肘化，別緊張，意想小臂是根水管，水從肘中流出去了，對方就落空了，就站不住了，只要想一想就行。

　　後來我每試都靈！我的分勁頓時大大提高，一般來說，大力氣就捂不死我了。肘化的過程也是氣斂的過程，有似笑非笑、自己縮小的感覺，口水也會充滿口腔。對養氣、養生、技擊都有很大好處，感恩老師，把這重要秘傳無私地傳授給我！後來，我把這一內涵融入了我的起式動作之中，作為對朱老師的紀念！

腳踩荷葉，把自己提起來

　　講到接手四梢空，腳也要空時，為了使我更容易體會，朱老師說：要練把自己提起來！要領是兩腳平行，立身中正，像練太極起式那樣，然後兩手前合，放鬆手腕，手指與腳趾間好像有根無形的繩子拉著，自己拉自

己，往上拉，好像要把自己拉起來。這時要含胸拔背，虛靈頂勁，完全用意。我練了一段時間後，覺得內勁增長很快，打拳時身體感覺很輕鬆，確有腳踩荷葉的感覺。朱老師常用通俗易懂的說法，使我慢慢體會到了「技擊架走架要腳踩荷葉」的內涵。

在談到接手要輕柔，要似有非有時，朱老師用了一個比喻：好似手裏抓了個燙饅頭，抓緊了太燙手，放鬆了饅頭就會掉地上，要找到既要抓住又不能讓饅頭掉了的那種微妙感覺！

朱懷元老師為人謙和，處事低調，他受過良好的教育，英語很好。他告訴我，在協和醫院他是負責管理藥物的，工作細緻認真，業務水平又高，抗戰勝利後，美方很贊賞他，曾經邀他去美國工作，但他謝絕了。他的愛國情懷也令我敬佩！

到2019年2月，朱老師離開我們有二十周年了。追憶往昔，師恩難忘！老師的音容宛在，他的拳藝，他的著作，隨著時間的流逝，更覺彌足珍貴！朱老師，我們永遠懷念您！

2019年5月
於北京天通苑改定

附錄七　修煉太極拳課程提綱

陳耀庭

一、站樁與守中土

站樁是練習太極拳的基本功之一，也是學好太極拳的重要一環。「要知拳真髓，首由站樁起。」在古譜中叫「守中土」，練中定勁。樁功原來是練靜力，又必須靜中寓動，「靜為太極之體，動為太極之用」。

太極拳的基本樁有無極樁（養生樁）、太極樁（撐抱樁）等多種，常見的是撐抱樁，以抱為主（七分抱，三分撐），細細體會撐抱兩種勁，然後練開合和上下。

樁功全在一抱中，莫求新奇找舒鬆，

內動得自有象外，功成妙在無意中。

二、練拳、走架

要點：用意，講鬆，要求節節貫串。

練拳練到自己覺得周身舒適，奇趣橫生，心曠神怡，悠然自得時，才算入門。練拳就像自我陶醉在景色

如畫的詩境之中，所以老前輩說練拳要練出「拳景」，開合收放，委婉曲折，「景色如畫」，裏面有情，外面有景，恰似天朗氣清，惠風和暢，陽春烟景，美好文章。

> 兩手春風拂楊柳，雙腳猶如踩浮舟，
>
> 南屏晚鐘懸百會，靜聽宏音揚全球。

需要達到一種無形無象、融於宇宙、天人合一的境界。

三、談「接點不接面」

與人接手，首先要空，接手四梢空。練習時要捨己從人，隨人所動。若別人以大力來欺，緊跟不捨，可用點接法，一接點中求，接點不接面，挨何處，心用在何處。

接觸點的面積越小越好，要由內勁、活腰，在接觸點周圍滾動，要內動外不動,對方自然感覺你力大無比，他的腳跟會起來。

> 接點不接面，接面兩不便，
>
> 偶遇面碰面，即時鬆開變。

四、談推手，推手不用手

雖名為推手，實際上應該用小臂去接，手僅僅是給

腰開門，僅僅是指方向，要把手騰出來。

　　　　推手不用手，兩腳空空走，

　　　　打點丟掉面，沒有便是有。

　　太極揉手，講究「鬆、散、通、空」四個字。鬆腕，鬆肩，鬆腰，鬆胯，渾身鬆透，然後要散出去，像一塊石頭丟入池中，一圈圈的微波向外擴散，遇到阻力就用手指指方向，向對方兩肩窩、兩胯眼散出去，透出去。

五、肘 勁

　　太極拳的八勁中，肘勁是主要的發勁之一。肘勁種類很多，常用的有明肘（陽肘）、暗肘（陰肘）、立肘（單鞭）、橫肘、開花肘等。先練平送。

　　肘有三種用法：發人、化勁和沾連。發人以平送為典型，化時意到即空，肘化一大片，應常常練習，是太極「空」的重要方法。

　　練法：

　　1. 坐式，小臂放大腿上。

　　　　肘後（貼腰）畫圈，掛，採，化。

　　　　肘向前（外裏）發放。

　　2. 騎自行車，後掛，向外向前，頭向上領。

　　3. 站式，抱球，研磨肘。火車曲軸運動（定發）。

4. 單鞭肘（立肘）。

5. 翻板肘。

6. 橫肘（折勁），翻板勁，上翻肩後，我用肘拿對方。

六、身形手勢

太極拳發人，分身形和手勢兩種，身形發人，身動手不動。「打人如親嘴，身動步要隨」「前足跟後足，後足踩前蹤」，這是武術中常用的發人勁法。

太極講手勢是沒有勁源的，一發放出去就與自己無關，所謂「合則即發去，不必靈霄箭」。發肘勁時，身不動，用手（肘）放人，虛領頂勁，含胸拔背，手如繩繫磚，磚拋出擊人，威力十分強大。

七、虛 實

楊澄甫說：「太極拳術以分虛實為第一要義。」武禹襄在《打手要言》中又講：「虛實宜分清楚，一處有，一處虛實，處處總此一虛實。」但虛實不是簡單的前弓步前腿實、右弓步右腿實，而是意念，是內在的變化，所以虛實訣中講：

> 虛虛實實神會中，實實虛虛手行功，
> 練拳不諳虛實理，枉費功夫終無成。

虛守實發掌中竅，中實不發藝難精，

　　　虛實自有虛實在，實實虛虛攻不空。

　　虛實不在外形，一手有虛實，一指也有虛實，如果你在一個點中也分出虛實，那就功夫不錯了。

　　虛實關鍵在神意，還要虛中虛，實中實，虛實變換，忽隱忽現。

附錄八 拳學感悟詩詞

內功太極拳歌
陳耀庭 詞

> 春風拂楊柳，小舟隨水流，
> 心如白雲常自在，意似流水任西東。

> 任雲起雲湧，隨花開花落，
> 海闊天空滌塵慮，心氣平和真氣流。

副歌：
> 大虛大實，陰陽相濟太極功；
> 冥冥渺渺，天人合一入宇空。（重複）

（配電影《城南舊事》曲，2012 年作於武當山，
2015 年改於天通苑。）

如何站樁（詩）

> 樁功全在一抱中，莫求新奇找舒鬆，
> 內動得自有象外，功成妙在無意中。

（2011 年）

如何打太極拳

兩手春風拂楊柳，兩腳猶如踩浮舟，

南屏晚鐘懸百會，靜聽宏音揚全球。

（2011 年）

練拳心得

外形鬆隨，身內氣斂。

勁起於足，神凝於頂。

勿忘勿助，不求而得。

不知不覺，盡顯神奇。

（2011 年春於天通苑）

太極拳養生感悟之一

以手帶身兩翅搖，雄鷹高翔任逍遙。

太極空靈須梢帶，磨盤入地老殘招。

（2012 春於北京）

太極拳修煉感悟之二

練拳要練身心鬆，日夜難尋鬆勁蹤。

一旦悟得鬆勁後，方知瞎練白費功。

（2012 年）

觀朱懷元老師太極拳（影片）有感

意靜慢運情悠悠，滌淨塵俗空自留。

何須人前顯形跡，自是太極第一流。

（2015年）

後 記　太極拳的價值與定位

霍用靈

　　古語有「三年少林走天下，十年太極不出師」的說法，蓋因太極拳是一個帶有玄學色彩的道學——武學體系，其內涵的哲學性與境界的玄妙性，端賴師徒間口傳心印、當機指授，無論傳授者或從學者，都難以清晰明確地給出太極拳傳承的階次與標準，因此太極拳很難納入現代武術和體育的規範教學體系中，也無法以清晰的量化指標給出學習的時間和進度。

　　自清末楊露蟬北上京師公開傳授，太極拳顯名於世，即伴隨著古老華夏的現代化歷史大潮而起伏跌宕，而演化流變，今天的人們看待太極拳、學習太極拳，與一百多年前相比，相差何止千里！

　　隨著時代與社會的變遷，太極拳喪失了作為技擊武術的實用性，其作為「拳」的武術內涵，逐漸演化為一種融合了保健、養生與娛樂功能的體育形態；而其「太極」的哲理奧義，化為中國道家哲學的特殊符號，在廣泛傳播中成為「聞其名不知其實」的「黑箱」般的存在

——強烈地吸引著世界各地的愛好者，但「太極」的真實意蘊卻很難理解，往往只可意會，難以言傳。

陳耀庭老師是一位卓有成就的科學家，自青少年時期開始，因特殊機緣得以親近、跟隨諸多太極拳名家修習傳統內功太極拳，且畢生以科學家求真務實的精神探索太極拳的真實涵義，晚年退休後將其六十餘年之太極拳所學所思所解所證，傳諸弟子，經過我們的編輯整理，形成了這一冊拳學筆記。

這本筆記多為陳老師當機指授學生的記錄，或對傳統內功太極拳理法內涵及教學中的問題思之有得的隨感，本意是為弟子指授一個進入傳統內功太極拳的門徑，並未準備公之於世。那麼，這樣的零金碎玉，其問世與傳播的意義何在呢？

作為編輯者，我以為至少在以下三方面具有獨特的意義：

第一，陳老師以科學家的嚴謹，給出了傳統內功太極拳的簡明定義。

任何一個太極拳學者首先要解決的就是「什麼是太極拳」的問題，陳老師的定義核心有兩點——用意不用力，能借力打力。這兩點將傳統內功太極拳與一般的武術、運動和健身術區別開來，從而為學者指明了方向和道路。用意不用力，能藉力打力，是太極拳區別於世上

所有武術運動的本質特徵，也是太極拳未來立足世間的根本所在。沒有這兩點，就不是太極拳，或者更準確地說，就不能稱之為傳統內功太極拳。這一定義，可以幫助學者確立正確的學習目標和方向，少走或不走彎路。

第二，陳老師為傳統內功太極拳做了新的定位。

陳老師認為，今天的人們認識、學習太極拳的目的，已經不是為了追求打遍天下無敵手的實戰技術，而是為了傳承中國的優秀傳統文化，因此，陳老師將太極拳歸類為中國一種獨特的文化藝術，從這個意義上說，太極拳是「心靈的火花，形體的表現」。

把太極拳看作中國獨特的傳統文化藝術，學習和傳承太極拳更大的意義在於修養身心、陶冶性情，這是太極拳造福人類的根本價值所在，也是太極拳在現代社會最好的定位。

第三，就太極拳的體用內涵而言，太極拳是以大道太極哲理為指導，以虛無為本，以渾圓為體，以點、線、面為用的道學—武學體系。

而在以往的太極拳經典著述和諸多前輩的闡釋裏，比較多地展示了太極拳連綿不絕的「線」的義涵，而太極拳關乎技擊的「點」的內涵則很少被提及。

這一方面的內秘主要保存在汪永泉大師一系的傳承中（在汪脈的傳承中有「學會點斷是真傳」的理法）。

如果說太極拳連綿不絕的「線」的內涵體現了太極拳的至柔，那麼，汪脈太極拳關於「點」的理法內涵，則體現了太極拳的至剛。關於「點」的理法內涵，汪永泉、朱懷元、高占魁等諸位大師都留下了許多精闢的論述和實踐經驗。

陳老師認為，汪永泉大師一脈繼承了楊家太極拳內部獨有的技擊理法內涵，其特點就在對「點」的研究與總結上。陳老師在跟隨高占魁和朱懷元兩位大師學習的過程中，切實體會、感受到了太極拳「點」的奧秘與魅力，因此，在指導弟子學習傳統內功太極拳時，反覆多次講授和闡釋關於「點」的理法及體用內涵。

在本書中，陳老師把自己跟汪永泉、高占魁、朱懷元等大師所學所解，結合自己的體悟和實踐，對於太極拳「點」的體用內涵，做了多角度多側面的解說，為有心探究傳統內功太極拳技擊奧義的學者提供了寶貴的參考和借鑒。這部分內容最需讀者諸君悉心慧悟。

有此三點價值，陳老師這一冊筆記即足堪傳世。這本筆記雖無嚴格的邏輯體系，但卻是陳老師數十年來反覆體會、深思和研究的心得，可謂「千淘萬漉雖辛苦，吹盡黃沙始到金」。然而，古語有「善著書不若善讀書」，能否從中會意，更須讀者朋友之慧心。

不知不覺間，我跟隨陳耀庭老師學習傳統內功太極

拳已歷十年，從陳老師的傳授中，真切感受到傳統內功太極拳的無窮魅力，真正體悟到太極拳所具有的永恒生命力，也更加深刻地認識到太極拳對於未來社會所具有的價值。太極拳的這些魅力和價值，都需要像陳老師這樣的傳承者一代一代地將其傳授給後來者，這也是我們編輯整理這本拳學筆記的初心。

　　考慮到讀者閱讀的需要，編者按自己的理解，將陳老師的筆記做了分類整理，希望有助於讀者閱讀理解，然已非陳老師筆記之自然原貌，若有不妥之處，敬請方家指正。

　　是為記。

老拳譜新編

武學釋典

休閒保健叢書

圍棋輕鬆學

象棋輕鬆學

智力運動

棋藝學堂

歡迎至本公司購買書籍

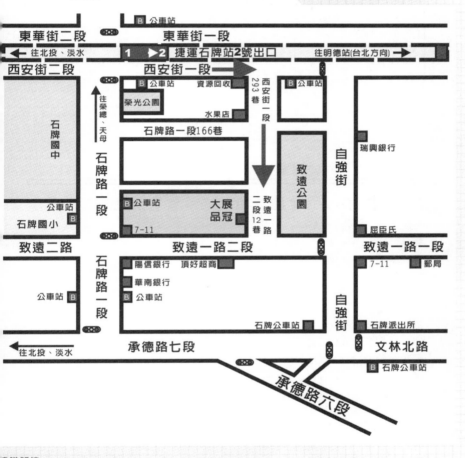

建議路線

1.搭乘捷運‧公車

　　淡水線石牌站下車，由石牌捷運站２號出口出站(出站後靠右邊)，沿著捷運高架往台北方向走(往明德站方向)，其街名為西安街，約走100公尺(勿超過紅綠燈)，由西安街一段293巷進來(巷口有一公車站牌，站名為自強街口)，本公司位於致遠公園對面。搭公車者請於石牌站(石牌派出所)下車，走進自強街，遇致遠路口左轉，右手邊第一條巷子即為本社位置。

2.自行開車或騎車

　　由承德路接石牌路，看到陽信銀行右轉，此條即為致遠一路二段，在遇到自強街(紅綠燈)前的巷子(致遠公園)左轉，即可看到本公司招牌。

國家圖書館出版品預行編目資料

功夫上手——傳統內功太極拳拳學筆記／陳耀庭　著　霍用靈　整理
　——初版，——臺北市，大展出版社有限公司，2021〔民110．03〕
　　面；21公分 ——（武學釋典；49）
　　ISBN 978－986－346－325－2（平裝）
　　1. 太極拳
528．972　　　　　　　　　　　　　　　　　　　　　109022118

功夫上手——傳統內功太極拳拳學筆記

著　　　者／陳耀庭
整 理 者／霍用靈
責任編輯／苑博洋
發 行 人／蔡森明
出 版 者／大展出版社有限公司
社　　　址／台北市北投區（石牌）致遠一路2段12巷1號
電　　　話／（02）28236031・28236033・28233123
傳　　　眞／（02）28272069
郵政劃撥／01669551
網　　　址／www.dah-jaan.com.tw
E - mail ／ service@dah-jaan.com.tw
登 記 證／局版臺業字第2171號
承 印 者／傳興印刷有限公司
裝　　　訂／佳昇興業有限公司
排 版 者／弘益電腦排版有限公司
授 權 者／北京科學技術出版社
初版1刷／2021年（民110）3月

定　價／420元

大展好書　好書大展
品嘗好書　冠群可期

大展好書　好書大展
品嘗好書　冠群可期